MAGASIN THÉATRAL.

CHOIX DE PIÈCES NOUVELLES,

JOUÉES SUR TOUS LES THÉATRES DE PARIS.

THÉATRE DU VAUDEVILLE.
LA CHAMBRE VERTE,
Comédie-Vaudeville en deux actes.

50 cent.

PARIS.
MARCHANT, ÉDITEUR,
Boulevart Saint-Martin, 12.

BRUXELLES.
TARRIDE LIBRAIRE, PASSAGE DE LA COMÉDIE.

- L'Homme du siècle, dr. h. 40
- La Visite domiciliaire, dr. 30
- Le Royaume des femmes, f. 30
- Le Sauveur, com. 3 a. 40
- Les Faussaires Anglais, mél. 30
- Le Magasin pittoresque. rev. 30
- Le Serf et le Boyard, mél. 30
- Le Château d'Urtuby, op.-c. 30
- L'Amitié d'une jeune fille, m. 40
- Je serai Comédien, c. en 1 a. 30
- Le Fils de Ninon, dr. 3 a. 40
- Le Prix de vertu, com.-v. 30
- Le Curé Mérino, dr. 5 a. 50
- Le Mari d'une muse, com.-v. 30
- Flore et Zéphyre, fol.-v. 1 a. 30
- Le Domino rose, com.-v. 30
- La chambre de ma femme, c. 30
- Les 4 Ages du Palais-Royal. 40
- Juliette, dr. en 3 a. 40
- Une Dame de l'Empire, c.-v. 30
- La Paysanne demoiselle, v. 40
- Un Soufflet, com.-v. 1 a. 30
- Les Liaisons dangereuses, d. 40
- Le Doigt de Dieu, dr. 1 a. 30
- La Fille du Cocher, com.-v. 30
- Théophile, com.-v. 1 a. 30
- L'Oraison de St.-Julien, c.-v. 30
- La Vénitienne, dr. 5 a. 50
- L'honneur dans le crime, d. 50
- Un Bal de domestiques, v. 30
- Les Charmettes, com. 30
- Pécherel l'empailleur, v. 30
- L'Aiguillette bleue, v. h. 30
- Les Mal-Contents de 1579, d. 50
- Une Chanson, dr.-v. 30
- Le Dernier de la famille, c.-v. 30
- L'Apprenti, v. en 1 a. 30
- Le Triolet bleu, com.-v. 40
- Salvoisy, com. en 2 actes, 40
- Une aventure sous Charles IX 40
- Lestocq, op.-com. 4 actes. 50
- Turiaf-le-Pendu, v. 1 a. 30
- Artiste et Artisan, com.-v. 30
- L'Aspiran de marine. op.-c. 30
- Un Ménage d'ouvriers, c.-v. 30
- L'Interprète, com. 1 a. 30
- Un Enfant, dr. 40
- Le Capitaine Roland c.-v. 30
- La Tour de Babel, rev. ép. 30
- La Nappe et le Torchon, c.-v. 40
- Les Duels, com.-v. 2 a. 40
- Vingt ans plus tard, v. 30
- L'Angelus, op.-c. 1 a. 30
- Un Secret de Famille, v. 40
- Les Dres Scènes de la Fronde. 30
- La Robe déchirée, com.-v. 30
- Le Commis et la Grisette, v. 30
- Lionel ou mon avenir. 40
- Heureuse comme une princesse 40
- La Cinquantaine, com. v. 30
- Prêtez-moi 5 francs, m. l. 40
- Un Caprice de femme, op.-c. 30
- L'Impératrice et la Juive, d. 50
- Le Capitaine de vaisseau, v. 40
- Les Sept péchés capitaux, v. 30
- Le Juif errant, drame fant. 50
- Deux femmes contre 1 homme. 30
- Le Septuagénaire, dr. 4 a. 40
- Gribouille, extravagance. 40
- La Frontière de Savoie, v. 30
- Les Deux Borgnes, fol.-v. 30
- La Toque bleue, v. 1 a. 30
- Charles III ou l'Inquisition. 40
- Deux de moins, com.-v. 30
- Jacquemin, roi de Fr. c.-v. 40
- Les Immoralités, com. 30
- La Lectrice, v. 2 a. 40
- Le Comte de St. Germain. 40
- L'École des ivrognes. 30
- Les Bons Maris, com.-v. 40
- La Famille Moronval. dr. 5 a. 50
- Morin, dr. en 5 a. 50
- La Tempête, fol.-v. en 1 a. 30
- Mon Ami Grandet, v. 40
- Le Juif Errant, v. 5 a. 40
- La Filature, v. en 3 a. 40
- Le Marchand forain, op.-c. 40
- L'Idiote, com. v. 30
- Les Tours Notre-Dame, v. 30
- Le Mari de la Favorite, c. 50
- Lord Byron à Venise, c. 40
- La vie de Napoléon, sc. ép. 30
- La Vieille Fille, com.-v. 30
- Latude, mél. hist. 50
- Georgette, v. 30
- Le For-l'Évêque, v. 40
- Le Ramoneur, v. 30
- La Sentinelle perdue. 30
- Au rideau! v. 30
- Un de plus, com.-v. 3 a. 40
- L'Ambitieux, com. 5 a. 50
- Le Procès du mar. Ney, 4 a. 30
- Une Passion, v. 1 a. 30
- Estelle, com.-v. 1 a. 30
- Antony, d. 4 a. par Al. Dumas 50
- Mari de la veuve, A. Dumas. 30
- Atar-Gull. mél. 4 a. 40
- Gilette de Narbonne, v. 3 a. 40
- Les Enfans d'Édouard, trag. 40
- Mad. d'Egmont, com. 3 a. 40
- Catherine Howard, dr. 50
- La Prima Dona, v. 1 a. 40
- Être aimé ou mourir, c.-v. 30
- Une Mère, dr. 2 a. 40
- Charles VII, par Al. Dumas. 50
- Mademoiselle Marguerite. 30
- Étienne et Robert, v. 30
- Bouffon du Prince, 2 a. 40
- La Consigne, com.-v. 1 a. 30
- Marino Faliero, tr. 5 a. par C. Delavigne. 50
- Napoléon, par Al. Dumas. 50
- Charlotte, dr. 3 a. 40
- Les Enragés, tabl. villageois. 30
- Angèle, d. 5 a. par A. Dumas. 50
- L'Homme du monde, d. 5 a. 50
- Les Roués, v. 3 a. 40
- Thérèsa, d. 5 a. par A. Dumas. 50
- Le Conseil de révision, v. 4 a. 40
- La Chambre Ardente, d. 5 a. 50
- Cotillon III, c.-v. 1 a. 30
- Le Moine, dr. 4 a. 40
- Reine, Cardinal et Page, v. 30
- Jours gras sous Charles IX, 40
- Père et Parrain, v. 2 a. 40
- Jeanne Vaubernier, c. 3 a. 40
- Les Deux Divorces, c.-v. 1 a. 30
- Indiana, dr. en 5 parties. 50
- Frétillon, v. en 5 a. 50
- La Femme qu'on n'aime plus. 30
- 1834 et 1835, revue épis. 1 a. 30
- Le Tapissier, com. en 3 a. 40
- La Fille de l'Avare, v. en 2 a. 40
- L'Autorité dans l'embarras. 30
- Dolly, drame en 3 actes. 40
- Les Chauffeurs, mél. en 3 a. 40
- Les Deux Nourrices, v. en 1 a. 30
- Les Pages de Bassompierre. 30
- Au Clair de la lune, v. 3 a. 40
- Farinelli, com. hist. 3 a. 40
- La Nonne sanglante, d. 5 a. 50
- Marmiton et Grands Seigneurs. 30
- La Marquise, op.-com. 1 a. 40
- Fich-Tong-Kang, v. 1 a. 40
- Les Gants jaunes, v. 1 a. 30
- Mon Ami Polyte, v. 1 a. 30
- Le Cheval de Bronze, o.-c. 3 a. 40
- Les Beignets à la Cour, c. 1 a. 30
- Le Père Goriot, v. 2 a. 40
- Fleurette, drame 3 a. 40
- Anacharsis, vaud. 1 a. 30
- La Traite des Noirs, drame. 50
- Manette, com.-v. 1 a. 30
- Karl, drame en 4 actes. 40
- La Croix d'or, com.-v. 2 a. 40
- Un Père, mélod. 3 a. 40
- Le Vendu, tableau pop. 1 a. 30
- Jeanne de Flandre, mél. 40
- L'If de Croissey, com.-v. 40
- Une Chaumière et son cœur, 40
- Cornaro, parodie d'Angelo. 30
- Une Camarade de Pension, 3 a. 40
- Cromwell, drame 5 actes. 50
- Marais-Pontins, vaud. 2 a. 30
- Mathilde, com. 3 a. 40
- Ombre du mari, vaud. 2 a. 30
- Amours de Faublas, bal. 3 a. 30
- Porte-Faix, op.-com. 3 a. 40
- On ne passe pas, vaud. 1 a. 30
- Ma Femme et mon Parapluie. 30
- Micheline, op.-c. 1 a. 30
- Le Violon de l'Opéra, 1 a. 30
- La Prova d'un op. seria, 1 a. 30
- Alda, op.-c. 1 a. 30
- Jacques II, dr. en 4 a. 40
- Mon Bonnet de nuit, v. 30
- Fille mal élevée, c.-v. 2 a. 40
- La Berline de l'Émig. d. 5 a. 50
- Un de ses Frères, v. 30
- Les deux Reines, op.-c. 30
- La Mère et la Fiancée. 40
- Le Curé de Champaubert, v. 40
- L'Habit ne fait pas le moine, 40
- Marguerite de Quélus, d. 3 a. 40
- Les Mineurs, mél. 3 a. 40
- L'Agnès de Belleville, 3 a. 40
- Plus de jeudi, v. 2 a. 30
- Les Créoles. en 2 actes. 40
- Pauvre Jacques c.-v. 1 a. 30
- Un Roi en vacances, v. 3 a. 40
- Madelon Friquet, v. 2 a. 40
- L'Aumônier du régiment, 1 a. 30
- L'Octogénaire, c.-v. 1 a. 30
- Chérubin, c.-v. 2 a. 30
- Cosimo, op.-bouff. 2 a. 40
- Testament de Piron, v. 1 a. 30
- La Périchole, v. 1 a. 30
- Un Mariage sous l'emp. v. 2 a. 40
- La Pensionaire mariée, c.-v. 30
- Le Jugem. de Salomon, 1 a. 30
- Le Mariage raisonnable, c. 1 a. 30
- La Tirelire, com.-v. 1 a. 40
- Les Bédoins en voyage. 40
- La Femme qui se venge, v. 30
- La tache de sang, d. 3 a. 40
- Toniotto, d. 3 a. 40
- La Savonnette impériale, v. 30
- André, v. 2 a. 40
- En attendant, c.-v. 2 a. 40
- La Femme du peuple, tab. 30
- Zazezizozu, férie en 4 a. 40
- La Fille de Cromwell, v. 30
- Jean-Jean, parodie en 5 pièc. 50
- La Sonnette de nuit, c.-v. 1 a. 40
- Une loi anglaise, c.-v. 2 a. 40
- Le Mémoire d'un père, 1 a. 30
- La Fiole de Cagliostro, v. 30
- Paris dans la Comète, rev. 30
- Infidélités de Lisette, v. 3 a. 30
- Aurélie, d. en 4 a. 40
- Valentine, dr.-v. en 2 a. 40
- Coquelicot v. 3 a. 40
- Plus de loterie, v. 1 a. 30
- Pensionat de Montereau. 30
- Elle n'est plus, v. 1 a. 30
- Actéon, par M. Scribe. 30
- La Folle, dr. 3 a. 40
- Le Gamin de Paris, c.-v. 2 a. 40
- Le Transfuge, d. en 3 a. 40
- Sous la Ligne, v. 1 a. 30
- Madeleine com.-v. 2 a. 40
- M. et Mme Galochard. 30
- Les Chansons de Désaugiers. 50
- La Fille de la Favorite, 3 a. 40
- Art de ne pas payer son terme. 30
- Coliche, com.-v. 1 a. 30
- Clémentine, com.-v. 1 a. 30
- Gilblas, v. 3 a. 40
- Jérusalem délivrée. 50
- Le Prevôt de Paris, mél. 3 a. 40
- Renaudin de Caen, c.-v. 2 a. 40
- Chut! 2 actes, par Scribe. 40
- Héloïse et Abeilard, d. 5 a. 50
- La Laide, d. 3 a. 40
- L'Enfant du Faubourg, v. 3 a. 40
- L'Ingénieur, d. 3 a. 40
- Changée en Nourrice, v. 2, a. 40
- Les Chaperons blancs, op.-c. 40
- La Marq. de Prétintaille, v. 1 a. 30
- Sarah, op.-c. 2 a. 30
- Sur le Pavé, v. 1 a. 30
- Don Juan de Marana, myst. 50
- Une St-Barthélemy, v. 1 a. 30
- La Liste des notables, v. 2 a. 40
- La Reine d'un jour, v. 2 a. 40
- Le Démon de la nuit, v. 2 a. 40
- Un Procès criminel, c. 3 a. 50
- Le Portrait du Diable, v. 1 a. 30
- Mariana, c.-v. 3 a. 40
- Le Comte de Horn, dr. 3 a. 40
- Un Bal du grand monde, v. 1 a. 30
- L'Oiseau Bleu, v. 3 a. 40
- Le Barbier du Roi d'Aragon 3 a. 40
- Balthasar, v. 1 a. 30
- Amazampo, dr. 4 a. 6 t. 50
- La Vaubalière, dr. 5 a. 50
- Le Luthier de Vienne, op.-c. 30
- Les Misères d'un Timbalier. 30
- Le C. des Informations, v. 1 a. 30
- Casanova, v. 3 a. 40
- Georgine, c.-v. 1 a. 30
- Mistress Sidons, c.-v. 2 a. 40
- Tout ou Rien, dr. 3 a. 40
- Lestocq. v. 1 acte. 30
- Madame Péterhoff, v. 1 a. 30
- D'Aubigné, v. 2 a. 40
- Christiern, mél. 3 a. 40
- Kean, c. 5 a. par Dumas. 50
- Le Diadesté, op.-c. 2 a. 40
- Arriver à propos, v. 1 a. 30
- Le Frère de Piron, v. 1 a. 30
- Le Roi malgré lui, v. 2 a. 40
- Le Puits de Champvert, d. 3 a 30
- Le Diable amoureux, v. 1 a. 30
- Le Passé, v. 1 a. 30
- Nabuchodonosor. dr. 40
- Sir Hugues, par Scribe. dr. 40
- Marie, par Mme Ancelot. 40
- Pierre le Rouge, c.-v. 3 a. 40
- L'Homéopathie, c.-v. 1 a. 30
- Théodore, v. 1 a. 30
- L'Épée de mon père, v. 1 a. 30
- La Femme de l'épicier, v. 1 a. 30
- Dolorès, mélod. 3 a. 40
- Un Cœur de mère c. v. 2 a. 40
- Jaffier, drame en 5 a. 50
- Les Pontons de Cadix, 1 a. 30
- Les deux Coupables, v. 1 a. 30
- Marion Carmélite, v. 1 a. 30
- Le Muet d'Ingouville, c.-v. 2 a. 40
- El Gitano, mél. 5 a. 50
- Léon, drame en cinq actes, 50
- Fils d'un agent de change, 1 a. 30
- Le comte de Charolais, c. 3 a. 40
- Le Mari de la dame de chœurs 40
- Valérie mariée, dr. 3 a. 40
- Roquelaure, vaud. 4 a. 50
- Madame Favart, c. 3 a. 40
- L'Ambassadrice, op.-c. 3 act. 40
- L'Année sur la Sellete, rev. 1. 30
- Le Secret de mon oncle, v. 1 a. 30
- La Nouvelle Héloïse, dr. 3 a. 40
- Gaspardo, par M. Bouchardy. 50
- Le Postillon de Lonjumeau, 40
- La Chevalière d'Éon, v. 2 a. 40
- Austerlitz, événement hist. 3 a. 40
- Le muet de St-Malo, v. 1 a. 30
- Stradella, com. 1 a. 30
- La Laitière et les 2 Chasseurs 30
- Riche et Pauvre, dr. 5 a. 50
- La Champmeslé, c.-anec. 2 a. 40
- Huit ans de plus, mél. 3 a. 40
- Père et Fils, v. 1 a. 30
- Les sept Infans de Lara, d. 5 a. 50
- Michel, c.-v. 4 a. 40
- Paraviadès, dr. 3 a. 40
- Le Portefeuille ou 2 Familles, 50
- Riquiqui, com.-vaud. 3 a. 40
- Un grand Orateur, c.-v. 1 a. 30
- Trop heureuse, c.-v. 1 a. 30
- La Vieillesse d'un grand roi, 40
- L'Étudiant et la grande Dame, 40
- La Comtesse du Tonneau, 2 a. 40
- Le Paysan des Alpes, dr. 3 a. 50
- Polly, com.-vaud. 3 a. 40
- Le Bouquet de bal, c. 1 a. 30
- La Vendéenne, c.-v. 1 a. 30
- L'honneur de ma Mère, dr. 5 a. 50
- Eulalie Granger, dr. 5 a. 50
- Schubry, com.-vaud. 1 a. 30
- Julie, com. 5 a. 50
- L'Ange Gardien, dr.-v. 3 a. 40
- Miel et Vinaigre, c.-v. 1 30
- Paul et Pauline, c.-v. 2 a. 40
- Femme et Maîtresse, c.-v. 3 a. 40
- Jeanne de Naples, dr. 5 a. 50
- Le Gars, dr. 5 a. 50
- Un Chef-d'Œuvre inconnu, 40
- Vouloir c'est Pouvoir, c.-v. 2 a. 40
- Mina, com.-vaud. 2 a.

ACTE II, SCÈNE X.

LA CHAMBRE VERTE,

COMÉDIE EN DEUX ACTES, MÊLÉE DE CHANT,

PAR MM. Ch^{arles} DESNOYER ET Ch. DANVIN,

Musique de M. A. DOCHE,

REPRÉSENTÉE POUR LA PREMIÈRE FOIS, A PARIS, SUR LE THÉATRE DU VAUDEVILLE, LE 1er AVRIL 1843.

PERSONNAGES.	ACTEURS.	PERSONNAGES.	ACTEURS.
Le duc DE CHAVIGNY (jeune premier, 22 ans)......................	M. MUNIÉ.	rôle, 20 ans).................... LAURENCE D'ESTANGES, future de	Mme THÉNARD.
Le comte DE LUXEUIL (premier rôle, 30 ans).........................	M. FÉLIX.	Chavigny (jeune première, 17 ans)..	Mlle PAGE.
LA COMTESSE, sa femme (premier		DES GARDES FRANÇAISES, DES LAQUAIS, DES DEMOISELLES D'HONNEUR, etc.	

La scène se passe sous Louis XV : 1er acte, au château de Saint-Germain ; 2me acte, dans une maison de plaisance, appartenant à Laurence.

N. B. S'adresser, pour la musique, à M. TARANNE, bibliothécaire du Théâtre du Vaudeville.

ACTE PREMIER.

Un salon au château de Saint-Germain. Au fond, une porte à deux battants donnant sur d'autres salons ; au second plan, à droite et à gauche, et en pan coupé, deux autres portes plus petites ; table avec ce qu'il faut pour écrire ; siéges ; sur le premier plan, à droite, une fenêtre.

SCENE PREMIÈRE.

**LAURENCE D'ESTANGES, DEUX DEMOI-
SELLES D'HONNEUR.**

Au lever du rideau, les deux Demoiselles d'honneur paraissent achever la toilette de Laurence, qui est assise sur le devant de la scène, à la gauche du public.

CHOEUR.

AIR : *Valse de Giselle.*

Et maintenant, il faut sur votre tête
Placer ces fleurs et ce brillant écrin.
Pourquoi pleurer ?... cet hymen qui s'apprête
Doit à jamais changer votre destin.

LAURENCE, *à part.*

Oui, mon futur va venir ; mais j'ignore

Quel est cet homme... et je le sens, hélas!
Moi, je ne puis l'aimer!... toi, que j'implore,
Fais, ô mon Dieu!... fais qu'il ne m'aime pas!

REPRISE ENSEMBLE.

LES DEUX DEMOISELLES.

Mais nous avons placé sur, etc.

LAURENCE.

Ah! laissez-moi... pour vous, c'est jour de fête,
Et chacun va célébrer mon destin;
Mais à jamais cet hymen qui s'apprête,
Est pour mon cœur le plus affreux chagrin.

L'orchestre continue d'exécuter le chœur en sourdine; pendant ce temps, les deux Demoiselles d'honneur sortent par la porte à droite, au second plan. Le Comte de Luxeuil paraît au fond, et s'avance doucement vers Laurence, qui est restée assise et paraît rêver profondément.

SCENE II.

LAURENCE, LE COMTE.

LE COMTE, *saluant*. Mes hommages à la belle Laurence d'Estanges!

LAURENCE, *se levant d'un air de surprise et de mauvaise humeur*. Ah!... monsieur le comte de Luxeuil!

LE COMTE. Mille pardons d'être entré sans me faire annoncer... Mais d'où vient ce nuage que je vois répandu sur votre jolie figure, quand toutes les jeunes filles envient votre bonheur?

LAURENCE, *avec chagrin*. Mon bonheur!

LE COMTE. Quand tous nos jeunes seigneurs se montrent jaloux du futur qui arrive aujourd'hui... et que vous attendez avec impatience sans doute. (*Tressaillement de Laurence; le Comte reprend à part.*) Non... Grâce au ciel, je ne la crois pas très-impatiente de le voir... (*Haut.*) Avant une heure le protégé de madame la marquise de Pompadour, le jeune duc de Chavigny fera son entrée au château de Saint-Germain.

LAURENCE, *effrayée*. Avant une heure?...

LE COMTE. Et sur-le-champ on célébrera dans la chapelle la cérémonie du mariage... vous serez fêtée, admirée... vous, la plus jolie, la plus séduisante de toutes les duchesses. Eh bien! qu'avez-vous donc?... vous pleurez, mademoiselle?...

LAURENCE, *de même*. Duchesse!... oh! ce titre n'est pas encore le mien!...

LE COMTE. Que dites-vous?

LAURENCE. Non... non... j'irai me jeter aux genoux du roi, je lui dirai que ce mariage ferait le malheur de toute ma vie!... et j'en suis sûre, sa majesté...

LE COMTE. Sa majesté sera inflexible! oh, je vous en réponds, mademoiselle... car ce mariage a été résolu par madame la marquise de Pompadour. Le père de votre futur est un peu de ses parents; aussi lui a-t-elle promis de relever sa maison en faisant la fortune du jeune duc... et pour tenir sa parole, elle lui fait épouser, à lui, un pauvre cadet de famille, la plus jolie fille et le plus riche parti de la cour de Louis XV... Ce qu'a voulu madame la marquise, sa majesté le veut... et Dieu le voudra.

LAURENCE, *mettant la main sur son cœur*. Mais il y a là aussi, monsieur le comte, une volonté, une résolution qui peut braver même la toute-puissance du roi, même celle de madame de Pompadour.

LE COMTE. En vérité! (*A part.*) Elle est charmante.

LAURENCE. Et tout à l'heure, quand il va venir, lui, qu'on me destine pour époux... lui qu'on veut me forcer d'aimer!...

LE COMTE. Je n'ai pas dit cela!... l'épouser, oui; l'aimer c'est autre chose!... et vous avez raison; aucun pouvoir humain...

LAURENCE. N'est-ce pas?

LE COMTE. Non certainement... un mari qu'on impose n'a pas le droit d'être exigeant, celui-là surtout!... un mari de province, bien gauche, bien campagnard, bien...

LAURENCE. Ah!... vous le connaissez?

LE COMTE. Un peu... je l'ai vu il y a deux mois, chez son père, au fond de la Touraine. Je connaissais déjà les projets de madame de Pompadour, et je n'ai pu m'empêcher de vous plaindre.

LAURENCE. O mon Dieu!

LE COMTE. Et chacun en fait autant à la cour... tout bas, il est vrai; mais enfin on s'accorde à dire qu'une femme telle que vous méritait une meilleure destinée, que ce jeune provincial est indigne de vous posséder, vous qui pourriez voir à vos pieds toute la noblesse du royaume; on se dit qu'il ne pourra jamais apprécier un pareil trésor; on se dit enfin...

LAURENCE. Assez, monsieur le comte, assez!... que je suis malheureuse! un mari qui sera la fable de toute la cour!

LE COMTE. J'en ai peur!

LAURENCE. Qui ne pourra s'y présenter sans attacher tous les regards... qui se fera des ennemis partout!

LE COMTE. Non pas!... des amis, au contraire... grâce à vous, belle Laurence! Le mari d'une jolie femme a toujours beaucoup d'amis, et je veux être le premier...

LAURENCE, *allant se rasseoir avec colère*. Oh!... j'en mourrai de dépit et de chagrin.

LE COMTE, *à part*. A merveille! elle ne l'aimera jamais!... j'en profiterai!

Les deux Demoiselles d'honneur rentrent au fond.

SCÈNE III.

Les Mêmes, les Demoiselles d'honneur.

Première demoiselle, *accourant.* Mademoiselle! mademoiselle! monsieur le duc de Chavigny!...
Laurence, *effrayée.* Déjà?... ô ciel!
Première demoiselle. Il descend de carrosse... il est là, sous cette fenêtre... près d'entrer chez sa majesté, et entouré de tous nos jeunes seigneurs qui, sans le connaître, le félicitent déjà de son brillant mariage. (*Allant à la fenêtre.*) Tenez... venez donc, mademoiselle, et regardez-le.
Laurence. À quoi bon? je sais trop à l'avance que jamais...
Première demoiselle. Mais voyez, voyez donc comme il est bien!
Le Comte, *à lui-même.* Ce n'est pas mon avis; ces petites filles ont des idées!...
Laurence, *à la fenêtre.* Lequel?
Première demoiselle. Celui qui a son chapeau sur la tête, et qui met la main à la garde de son épée.
Laurence, *jetant un cri.* Ah!
Le Comte, *vivement.* Quoi donc? qu'est-ce que c'est?
Laurence, *joyeuse, à elle-même, et sans l'écouter.* Lui!... c'est lui!... est-il possible! (*Aux Demoiselles d'honneur.*) Venez, venez, mesdemoiselles... je compte sur tous vos soins, sur tout votre talent pour achever ma toilette. (*A part.*) Oh! j'en deviendrai folle!
Le Comte, *à part.* C'est singulier! est-ce qu'elle n'a plus peur... de son mari?

LAURENCE.

Air *de la Valse de Giselle.*
(Même air qu'au lever du rideau.)

Tout vient sourire à mon âme oppressée,
Tout mes souhaits sont enfin exaucés,
Car aujourd'hui je suis récompensée
De mes douleurs, de mes chagrins passés!
Il est donc vrai, mon Dieu! je suis sa femme!
Et contre lui je t'implorais, hélas!
Ah! je n'ai plus qu'une frayeur dans l'âme,
C'est, ô mon Dieu!... c'est qu'il ne m'aime pas!
Tout vient sourire, etc.

ENSEMBLE.

LES DEMOISELLES.

Tout vient sourire à son âme oppressée,
Et tous ses vœux sont enfin exaucés.
Ah! puisse-t-elle être récompensée
De ses douleurs, de ses chagrins passés.

LE COMTE.

Qu'a-t-elle donc?... quelle joie insensée!
Oui, tous ses vœux semblent être exaucés.
La pauvre enfant a perdu la pensée
De ses chagrins, de ses tourments passés.

Sortie de Laurence et des Demoiselles d'honneur par la porte de droite.

SCÈNE IV.

LE COMTE, *seul.*

Qui diable pourrait rien comprendre à la bizarrerie de ces dames? ne dirait-on pas que le petit duc, qu'elle détestait à l'avance et sans le connaître, qu'elle jurait de ne jamais aimer, vient de renverser toute sa résolution, et de lui plaire.... à première vue?... Diable!... mais ça ne ferait pas mon compte... à moi, qui serai forcé, bientôt peut-être, d'aller rejoindre en Italie la compagnie que je commande, et qui espérais avant mon départ... Et pourquoi pas?... il le faut! je le veux! je le veux! Cette petite Laurence a tant de charmes!... j'en suis fou! dix-sept ans... un cœur tout neuf à diriger... allons, allons, il est écrit que, grâce à moi, monsieur de Chavigny doit être un mari... comme tant d'autres. (*Riant.*) Oh! les maris!... (*S'arrêtant vivement, et baissant la voix.*) Eh bien, qu'est-ce que vous dites donc, monsieur le comte? oubliez-vous que vous-même depuis un an... (*Gaiement.*) C'est vrai! je me crois toujours célibataire..... je le dis à tout le monde, et je finis par me le persuader à moi-même... C'est que rien n'est changé dans ma position, rien que ma fortune... cinq cent mille livres de dot! cinq cent mille livres!... il fallait ça pour me décider au mariage... Mais j'ai fait célébrer le mien avec tout le mystère possible, à trente lieues de Paris, dans mon vieux manoir de Luxeuil; et j'ai passé là, en tête-à-tête avec ma femme, tout près de six mois délicieux... les trois premiers surtout; puis avant le commencement du septième, sous prétexte d'un voyage indispensable pour le bien de la France, les intérêts de l'état, je suis parti... J'ai reparu à la cour, toujours le même, toujours garçon... (*Souriant.*) On a tant de peine à se refaire... et comme autrefois, je mène ici une vie heureuse et indépendante, tandis que ma femme est bien tranquille là-bas, à Luxeuil, croyant toujours à ma tendresse... à ma constance... et priant pour moi! Continue, mon Éléonore! continue, et que tes prières arrivent jusqu'au ciel! j'en ai besoin.

Air: *Restez, restez troupe jolie.*

Loin de toi, je suis si coupable!
Oui, chaque jour, nouvelle erreur,
Comment du ciel inexorable
Pourrai-je apaiser la rigueur?
Ah! je tremble, pauvre pécheur!
Pour moi, femme indulgente et bonne,
Implore toujours ses bontés,
Et qu'à ta voix il me pardonne
Toutes mes infidélités.

Oui, qu'à ta voix Dieu me pardonne
Toutes mes infidélités. (*Bis*.)

On entend rire aux éclats dans la coulisse; puis la voix du duc de Chavigny domine toutes les autres.

LE DUC, *en dehors*. Oh! c'en est trop messieurs, c'en est trop, et ma colère...

LE COMTE, *remontant la scène*. Qu'est-ce que cela?... Nos jeunes seigneurs qui s'égayent aux dépens du prétendu!...

SCÈNE V.

LE COMTE, LE DUC DE CHAVIGNY.

LE DUC, *entrant, au fond*. A la bonne heure!... Ils se taisent enfin!... Morbleu!... tout provincial que je suis, je n'étais pas disposé à souffrir...

LE COMTE, *s'avançant*. Eh bien! qu'avez-vous donc, mon cher duc?

LE DUC. Ah! monsieur le comte de Luxeuil!... Pardon, mille pardons! je ne vous voyais pas... vous, la seule connaissance que j'aie dans ce maudit château.

LE COMTE. Vous paraissez indigné?

LE DUC. Furieux!... exaspéré!... Je viens de voir sa majesté.

LE COMTE. Et... madame la marquise.

LE DUC. Oui, madame la marquise.

LE COMTE. Eh bien!

LE DUC. Eh bien! j'ignorais pourquoi j'étais appelé à Saint-Germain.

LE COMTE. Ah! vous l'ignoriez!... (*A part*.) Alors, c'est bien plus amusant.

LE DUC. Mais avant mon départ, mon père, que je suis habitué à chérir, à respecter depuis mon enfance, a exigé de moi le serment que j'obéirais en tout point aux volontés de notre parente, que je me laisserais conduire, diriger par elle sans murmurer, sans me plaindre... Ce serment, je l'ai fait, moi... pouvais-je soupçonner le piège qu'on tendait à ma bonne foi?... J'accourais ici joyeux, plein d'espérance... rêvant déjà le plus noble, le plus brillant avenir; déjà je me voyais à la tête d'un régiment, rendant par moi-même au nom de mon père le vieil éclat qu'il a perdu, et justifiant ainsi l'épée à la main la faveur du roi et la protection de la marquise.

LE COMTE, *à part*. Diable!... Mais je m'étais trompé, c'est un héros que le petit duc!...

LE DUC. Et toute cette faveur se borne à vouloir enchaîner ma liberté, à me rendre malheureux... esclave pour la vie!... enfin, à me marier.

LE COMTE. Vous marier... à une femme jeune et jolie!...

LE DUC. Que m'importe? Jolie!... elles le sont toutes!... Ah! mon père!... mon père!... vous avez pu vous prêter à de pareils projets, et quand je vous donnais ma parole, moi, vous étiez d'accord avec la favorite!

LE COMTE. Plus bas, malheureux!... plus bas... A Saint-Germain, il y a des oreilles partout.

LE DUC. Ça m'est bien égal!... Que tout le monde m'entende, c'est ce que je veux!... Tout le monde, ma future surtout... Qu'elle sache que je la déteste, que je la hais à la mort!

LE COMTE, *à part*. A merveille!... le voilà comme elle était tout à l'heure.

LE DUC. J'obéirai!... Il le faut bien, je l'ai promis... je l'ai juré!... Et d'ailleurs, je suis prisonnier ici, jusqu'à la célébration du mariage; mais après...

LE COMTE. Enfin, d'où peut vous venir, mon jeune ami, cette prévention incroyable contre une femme que vous ne connaissez pas, que vous n'avez jamais vue?

LE DUC. C'est vrai... jamais!... Et si cela dépendait de moi...

LE COMTE. Peut-être de l'amour pour une autre?...

LE DUC. Eh bien!... eh bien! oui, monsieur le comte... de l'amour pour une... C'est-à-dire, non; pour deux, autres.

LE COMTE. Pour deux?... Vraiment?... (*A part*.) Il est beaucoup plus avancé que je ne le croyais... (*Haut*.) Contez-moi donc cela, mon cher duc... Sans doute, de simples et naïves villageoises élevées avec vous dans la maison de votre père?...

LE DUC. Non pas... Mais d'abord... d'abord, une jeune fille ravissante! que j'ai vue plusieurs fois à Paris.

LE COMTE. Au Louvre?

LE DUC. Au couvent.

LE COMTE, *vivement*. Ah! mon Dieu!... Celui des Carmélites?...

LE DUC. Non... celui des Ursulines.

LE COMTE, *à part*. Ah!... j'aime mieux ça!... Mon Éléonore a été élevée aux Carmélites (*Haut*.) Vous entrez donc dans les couvents, monsieur de Chavigny?

LE DUC. J'accompagnais mon précepteur, qui était le frère de madame l'abbesse, et j'avais remarqué souvent auprès d'elle une de ses pensionnaires qui baissait toujours son voile à mon arrivée... Mais je l'avais vue, pourtant... je l'avais vue, et son image était gravée là. (*Il porte la main à son cœur*.) Un jour... il y avait prise de voile, toutes les nonnes et les aspirantes étaient réunies dans la chapelle éblouissante de lumières... L'orgue avait cessé... lorsque soudain, une voix de femme se fit entendre au milieu du chœur... Oh! si vous saviez, monsieur le comte, si vous saviez comme je fus ému !... Il y avait dans cette voix si pure, si touchante, quelque chose de céleste qui me ravit !... me transporta !... au point que je m'élançai de ma place en criant : Bravo ! bravo !... et que je fis retentir la chapelle de mes applaudissements... Tous les yeux se tournèrent vers moi... et la jeune fille au cantique leva la tête avec timidité, arrêta sur moi ses regards... Oh ! des regards qui pénétrèrent jusqu'au fond de mon âme !... C'était elle !... elle, qui avait rougi plusieurs fois à ma vue !... Elle, à qui je pensais sans cesse... Je ne faisais plus attention à ce qui se passait autour de moi... Que m'importaient les murmures de la foule, les remontrances de mon précepteur ?... Je n'entendais rien... je ne voyais rien... rien qu'elle !...

LE COMTE. Je comprends cela... Moi aussi, il me semble que je la vois !... Elle est... elle doit être ravissante !...

LE DUC, *avec feu.* Divine !... adorable !

Air *de Garrick.*

Naïve enfant, venait-elle du ciel ?
Mais à la voir si belle et si modeste,
Je me sentis ému ; pauvre mortel,
D'une admiration céleste !...
Oui, lorsque Dieu pour punir les humains,
Les exila dans sa colère,
Voulant encore adoucir leurs destins,
Il laissa tomber de ses mains
Ses plus beaux anges de la terre. (*Bis*)

LE COMTE. Il est fou !

LE DUC. Depuis ce jour, l'entrée du couvent me fut interdite.

LE COMTE. Je le crois bien !

LE DUC. Mais c'en était fait de ma destinée !... et partout, et sans cesse, je ne voyais qu'elle !... et ce cantique que j'avais entendu revenait toujours à ma pensée... se trouvait mêlé à toutes mes paroles...

Déclamant avec une sorte d'enthousiasme religieux.

Sur la pauvre Ursuline,
Au front tout humilié...

LE COMTE, *de même.*

Jette, vierge divine,
Un regard de pitié.

LE DUC, *s'arrêtant surpris.* Comment !... vous connaissez donc...

LE COMTE, *s'oubliant.* Parbleu !... depuis que l'abbé de Bernis est en crédit à la cour, toutes les femmes chantent des cantiques... et par conséquent tous les maris...

LE DUC. Que dites-vous ?... Tous les maris... Mais vous n'en êtes pas ?...

LE COMTE, *se reprenant.* Non... non... je n'en suis pas, Dieu merci !... Mais... mais je connais beaucoup de femmes mariées, et vous comprenez... (*Changeant la conversation.*) Revenons à vous, mon cher duc...

à votre ange !... ou plutôt, non... à l'autre... la seconde.

LE DUC. Ah !... la seconde... C'est vrai !... Je l'avais oubliée en songeant à la première.

LE COMTE. Enfin, la seconde ?

LE DUC. Pour celle-là, c'est beaucoup moins sérieux !... mais... elle est bien jolie !...

LE COMTE. Où est-elle ?

LE DUC. Ici.

LE COMTE. Ici ?... à Saint-Germain ?...

LE DUC. Oh !... depuis ce matin seulement... elle y est arrivée en même temps que moi.

LE COMTE. En même temps ?...

LE DUC. Une rencontre que j'ai faite en voyage... Elle paraissait d'abord vouloir m'éviter... Mais dès que j'eus appris par une indiscrétion de ses gens qu'elle se rendait ainsi que moi... dans cette ville... dans ce château.

LE COMTE. Ah ! bah !... qui diable cela peut-il être ?...

LE DUC. Je m'attachai à ses pas, je ne voulus plus la quitter... et je finis par obtenir d'elle la permission de l'accompagner jusqu'ici à cheval... auprès de son carrosse...

LE COMTE, *riant.* En piqueur !... c'est bien valetaille !... Mais enfin, ça m'est arrivé quelquefois... Et cette dame, savez-vous qui elle est ?... ce qu'elle veut ?... le motif de son voyage ?...

LE DUC. Pas encore... Mais j'espère bien...

LE COMTE. Vous connaissez au moins sa qualité, sa position dans le monde ?... une femme mariée, peut-être ?...

LE DUC. Elle m'a dit qu'elle était veuve.

LE COMTE. Très-bien !... elles le disent toutes... c'est bien plus intéressant !... j'en suis sûr... c'est une femme mariée... Et quelle est votre intention, monsieur le duc ?

LE DUC. De commencer par elle à me venger de celle que je suis forcé d'épouser.

LE COMTE. Bravo !... en faisant une cour assidue à votre belle voyageuse ?

CHAVIGNY. C'est fait !

LE COMTE. En l'aimant ?

CHAVIGNY. C'est fait !

LE COMTE. En cherchant à triompher de ses rigueurs ?

CHAVIGNY. C'est... (*S'arrêtant.*) C'est-à-dire, non, ce n'est pas encore fait... mais ça viendra, je vous en réponds, ça viendra !...

LE COMTE. Parbleu !...

CHAVIGNY. Je veux qu'elle m'aime !... qu'elle m'adore !... et que ma femme le sache...

LE COMTE. Sans doute !

CHAVIGNY. Qu'elle voie qu'on a pu disposer de ma main, mais non pas de mon cœur... enfin, qu'elle se désespère, et...

LE COMTE. Certainement, qu'elle se désespère..... (*A part.*) Et je la consolerai, moi.

Haut, au Duc en lui tendant la main.

Air *de Turenne.*

Je me fais fort d'être ici votre guide,
Si vous acceptez mon appui;
A vous servir je me décide...
Pour vous consoler aujourd'hui
De cet hymen qui cause votre ennui,
Sur vous, mon cher, c'est l'amitié qui veille.

CHAVIGNY.

Très-bien, merci de votre intention!
Mariez-vous, et dans l'occasion
Je veux vous rendre la pareille.
Oui, je vous rendrai la pareille.

LE COMTE. La pareille !... bien obligé !

SCÈNE VI.

LES MÊMES, UN OFFICIER DES GARDES.

L'OFFICIER. Monsieur le comte de Luxeuil, vous êtes attendu chez Sa Majesté.

LE COMTE. Ah! je vous suis, capitaine... (*Au Duc.*) Je sais ce que c'est... j'ai fait demander au roi l'autorisation de me défaire de ma compagnie de mousquetaires, de rester à Saint-Germain, et j'espère... A bientôt, cher duc !... Je vous laisse chez vous.

CHAVIGNY. Chez moi !...

LE COMTE, *montrant la droite.* Ici... la chambre nuptiale.

CHAVIGNY. Ici ?...

LE COMTE. Mais n'ayez pas peur !... il y a d'autres appartements dont vous pouvez disposer... jusqu'à ce soir, du moins... ils sont à vous, puisqu'on les a donnés à votre femme.

CHAVIGNY, *avec impatience.* Ma femme !...

LE COMTE. Eh! tenez..... si vous m'en croyez... (*montrant la gauche :*) par là... dans la chambre verte.

CHAVIGNY. Eh! bien ?... dans la chambre verte ?

LE COMTE. Je vais donner des ordres pour que vos gens aillent vous y rejoindre.

CHAVIGNY. Mes gens ?...

LE COMTE. Sans doute !... l'heure approche... l'heure de la bénédiction nuptiale...

CHAVIGNY. Enfin ?...

LE COMTE.

Air : *Allons, partez, on vous en prie.* (Une jeunesse orageuse.)

Un habit de cérémonie
Vous est nécessaire, entre nous.
Il le faut, le roi vous marie,
De bonne grâce apprêtez-vous.

CHAVIGNY.

Non, pour cet hymen qu'on m'impose,

Ce costume est trop bon, je crois;
Je dirai : Oui; mais c'est la seule chose
Que l'on puisse exiger de moi. (*Bis.*)

ENSEMBLE.

LE COMTE.

A bientôt la cérémonie
Qui de vous doit faire un époux.
Il le faut, le roi vous marie,
Allons, mon cher, résignez-vous.

CHAVIGNY.

Au diable la cérémonie
Qui bientôt doit me rendre époux!
Malgré moi le roi me marie,
Non, rien n'égale mon courroux.

Sortie du Comte par le fond.

SCÈNE VII.

CHAVIGNY, *seul.*

La bénédiction nuptiale !... C'en est fait !... et pas moyen de me soustraire !... Oh! du moins la vengeance! la vengeance! c'est désormais le seul plaisir... le seul bonheur qui me reste..... Après mon mariage, je fuis de Saint-Germain avec ma belle inconnue... ma voyageuse... Mon nouvel ami... le comte de Luxeuil me servira comme il me l'a promis... à charge de revanche... et plus tard, je reviens à Paris... au couvent des Ursulines.... je force les grilles...... et j'enlève l'unique objet de mes pensées..... en dépit de mon père... de Louis XV, de la marquise... et je pars avec elle..... et si l'on s'oppose à mes desseins... j'ai une épée... je me défendrai... je tuerai mes gardiens... je tuerai la garnison de Saint-Germain... je tuerai tout le monde!... (*Remontant.*) Ah! quelqu'un... ma compagne de voyage !... qu'elle est belle !... et que je suis heureux de l'avoir là tout exprès pour commencer ma vengeance !

SCÈNE VIII.

CHAVIGNY, LA COMTESSE.

LA COMTESSE, *entrant avec un peu d'effroi, comme si elle cherchait à éviter quelqu'un.* Ah! enfin... j'ai pu m'échapper !... (*Apercevant Chavigny.*) Monsieur le duc, c'est vous.

CHAVIGNY. Moi, qui me désespérais déjà de ne pas vous avoir revue... moi, qui volais au-devant de vos pas... nous étions certains de nous rencontrer.

LA COMTESSE. Je ne vous cherchais pas, monsieur... mais je tremblais !.., je tremble encore... dans le parc... à chaque instant...

de jeunes seigneurs qui s'arrêtaient en me regardant...

CHAVIGNY, *galamment.* C'est bien naturel!... des traits comme les vôtres!...

LA COMTESSE. J'avais baissé mon voile... et je pressais le pas pour les éviter... lorsqu'au détour de cette galerie... là bas... je me suis trouvée presque face à face avec... quelqu'un que j'ai reconnu.

CHAVIGNY, *étonné.* Ah!

LA COMTESSE. Quelqu'un dont la présence a dû encore augmenter ma frayeur. (*A part.*) Et que cependant j'avais espéré voir...

CHAVIGNY. En vérité? Un de nos gentilshommes, sans doute!

LA COMTESSE. Oui... un gentilhomme!... Je m'enfuis pour me remettre de mon trouble... et le hasard...

CHAVIGNY. Le hasard m'offre à vous pour vous rassurer... vous protéger.. Vous le redoutez donc... cet homme?...

LA COMTESSE. Oh! je n'ai pas dit cela... mais il y a si longtemps que je ne l'avais vu...

CHAVIGNY, *à part.* C'est une femme délaissée! elle a besoin de consolation... comme moi... (*Haut.*) Un ingrat qui vous aura oubliée...

LA COMTESSE, *émue.* Oubliée!

CHAVIGNY. Trahie!

LA COMTESSE, *plus émue.* Trahie!... oh! je ne le crois pas!... (*A part.*) Mon Edmond m'aime trop pour cela!

CHAVIGNY. Un homme qui aura méconnu tant d'attraits... un homme au cœur froid... insensible!... comme ils sont tous à la cour... mais, moi... moi, madame, j'y viens aujourd'hui pour la première fois... à mon âge, on est sincère... on aime avec ardeur!... avec passion!... et si vous étiez assez indulgente pour écouter... l'aveu des sentiments que vous m'avez inspirés...

LA COMTESSE. Monsieur... que signifie...

CHAVIGNY. Oh! vous m'entendrez!... vous m'entendrez!... j'ai été si heureux hier, quand vous m'avez permis de vous acompagner... ne me ravissez pas mes illusions!... mes plus chères espérances!... je tombe à vos genoux...

LA COMTESSE. Monsieur, que faites-vous donc!... relevez-vous, au nom du ciel!...

CHAVIGNY. Non... tant que vous ne m'aurez pas dit qu'un jour, touchée par ma tendresse, ma constance... vous pourrez m'aimer à votre tour... oh! oui, vous m'aimerez, n'est-il pas vrai?

LA COMTESSE. On vient!... mais relevez-vous donc!...

Elle baisse son voile, Chavigny se relève.

SCENE IX.

LES MÊMES, LE COMTE, LAURENCE.

Le Comte entre en donnant la main à Laurence d'Estanges, et suivi des deux Demoiselles d'honneur. Dans la galerie extérieure, un Capitaine des gardes, et deux Soldats en sentinelle.

LA COMTESSE, *à part.* Mon mari!... il n'est pas seul!... ô ciel! une dame!

CHAVIGNY, *regardant Laurence, dont le voile est complètement baissé.* Ma femme, sans doute!... c'est ma femme!...

LA COMTESSE, *à part.* Qu'est-ce donc?... que se passe-t-il?...

LE COMTE, *à Chavigny.* Monsieur le duc de Chavigny, j'accomplis les ordres de sa majesté; elle m'a chargé de vous présenter et de conduire à l'autel mademoiselle Laurence d'Estanges, votre future.

LA COMTESSE, *à part.* Sa future!... est-il possible!... et dans l'instant, à mes genoux.. Oh! mais que m'importe! (*Regardant son mari.*) Je craignais... je respire à présent!...

LAURENCE, *à part, regardant le Duc.* Il va me reconnaître... oh! que je suis heureuse!

CHAVIGNY, *à part.* J'y suis résolu... Je ne veux pas même la regarder.

Il a toujours les yeux fixés sur la Comtesse; le Comte, au contraire, regarde toujours Laurence.

ENSEMBLE.

Air d'un ancien quadrille.

LAURENCE, LA COMTESSE ET LE COMTE.

Je sens mon cœur
Qui palpite en silence.
Ce jour flatteur
Me promet le bonheur.

CHAVIGNY.

Dans ma fureur,
L'espoir de la vengeance,
Peut à mon cœur
Rendre encore le bonheur.

Fin de l'ensemble.

LA COMTESSE, *à part, regardant le Comte.*

Ici sa présence
Calme ma souffrance,
Et j'ai l'espérance
D'être heureuse un jour.

LAURENCE, *à part.*

Aurai-je en retour
Son cœur, son amour,
Et les soins si doux
D'un amant, d'un époux?

LA COMTESSE, *à part.*

Je tremble!... et pourtant
Dois-je en ce moment
Redouter ici
Les regards de mon mari?

(*Reprise de l'ensemble très-piano.*)

Je sens mon cœur, etc.

LAURENCE, *soulevant un coin de son voile.*
Eh bien!... pas un regard...

LA COMTESSE, *même jeu.* Il ne fait pas attention à moi...

CHAVIGNY, *furieux, à lui-même.* J'étouffe!... je suffoque!... si je pouvais m'échapper... (*Voyant les deux soldats au fond.*) Impossible!...

LE COMTE, *bas, à Chavigny.* Mais à quoi pensez-vous donc, monsieur le duc?... on vous attend à la chapelle; et si vous hésitiez encore à donner la main à votre belle fiancée... je serais forcé par ordre du roi...

CHAVIGNY, *regardant les soldats...* De m'y faire conduire par ces messieurs... comme à la Bastille... (*Avec effort.*) Résignons nous!

Il prend son chapeau avec colère, s'approche de Laurence sans la regarder, et lui saisit la main avec rage.

LAURENCE, *avec émotion.* Sa main tremble autant que la mienne... de bonheur, sans doute!...

CHAVIGNY, *après un moment de silence.* Je suis furieux!... aller à l'autel entre deux piquets de gardes françaises!... et l'on appelle cela le plus beau jour de la vie!

Il jette encore un regard à la Comtesse, soupire, et sort avec Laurence, suivi des Demoiselles d'honneur. Le Comte suit Laurence des yeux. Sa femme s'approche de lui, et va lever son voile; mais il la salue et sort sans lui donner le temps de se découvrir, toujours préoccupé de la jeune Duchesse. Reprise du chœur que l'orchestre continue en sourdine pendant les premières lignes du monologue suivant.

SCÈNE X.

LA COMTESSE, *seule, avec dépit.*

Allons, je n'ai pu parvenir à fixer son attention... il est si loin de se douter que je suis ici... près de lui... sans cela, mon cœur me le dit... il aurait tout oublié pour ne songer qu'à sa femme... quelle sera sa joie... quelle douce surprise pour lui, qui se plaint dans toutes ses lettres que de graves intérêts, que les affaires de l'état nous tiennent toujours éloignés l'un de l'autre!... j'ai eu le courage, moi, et sans l'en prévenir, d'entreprendre ce voyage pour le rejoindre... l'embrasser, lui remettre cette bague sur laquelle j'ai fait graver son chiffre et le mien, et lui dire :

AIR : *On a peur de tout la nuit.*
(*L'Ange gardien,* 2me acte. Doche.)

Que ce gage précieux
Te rende fidèle;
Que par lui, prestige heureux!
Je sois en tous lieux

Présente à tes yeux,
Et qu'il te rappelle
Ces jours heureux
Passés à deux.

Et si quelque noble dame
Veut par un regard flatteur
Te faire oublier ta femme,
Que cet anneau protecteur
Me garde toujours son cœur.

Que ce gage, etc.

(*Remontant la scène.*) Ah! c'est lui! il est seul enfin!... mais comme il paraît préoccupé, rêveur!..... Pauvre Edmond! encore les affaires de l'état sans doute... la politique! toujours la politique!

SCÈNE XI.

LE COMTE, LA COMTESSE.

LE COMTE, *à lui-même, sans voir sa femme.* C'est fini!... il a prononcé le oui fatal! mais toujours sans regarder sa femme... il est vrai que je la regardais pour lui... et maintenant encore... maintenant que je ne suis plus auprès d'elle....

LA COMTESSE, *à part.* Que dit-il donc?... je suis curieuse!...

Elle avance.

LE COMTE, *se jetant dans un fauteuil.* Même en son absence je la vois partout, et sans cesse...

LA COMTESSE, *qui écoute.* Ah!... il pense à moi!... que je suis heureuse!...

LE COMTE. Elle est si bien!... je ne connais pas au monde une femme qui puisse lui être comparée!...

LA COMTESSE, *joyeuse, appuyée sur le dossier de son fauteuil; à part.* Flatteur!

LE COMTE, *se levant.* Oui, chère Laurence!

LA COMTESSE, *se rejetant en arrière.* Laurence!...

LE COMTE. La voici!

LA COMTESSE, *à part.* La femme de monsieur de Chavigny... Oh!... je suis d'une colère!...

Elle se cache derrière le rideau de la fenêtre, à la droite du public. Le Comte s'est levé, et a marché vers le fond au-devant de Laurence.

SCÈNE XII.

LES MÊMES, LAURENCE.

LE COMTE, *s'approchant de Laurence, qui est rêveuse.* Eh bien, madame... où donc est M. le duc... votre époux?...

LAURENCE, *triste.* Lui!... Je le vois trop à présent, c'est une résolution qu'il a prise de ne pas lever les yeux sur moi... il s'est éloigné avec mépris... devant le roi... devant toute la cour!...

LE COMTE. Le malheureux!... l'insensé!... (*On entend dans le lointain la musique du bal.*) Au moment où il devait ouvrir le bal avec vous... dédaigner tant de charmes... tant de grâces!... Ah! si un tel trésor m'était échu en partage... à moi... libre, et heureux de pouvoir faire un choix...

LA COMTESSE, *à part.* Que dit-il?

LE COMTE, *appuyant.* Moi... toujours garçon!...

LA COMTESSE, *soulevant le rideau.* Garçon?...

LE COMTE. Moi, qui serais si heureux, si fier, d'obtenir un seul de vos regards... une seule de vos pensées!...

LAURENCE, *avec dignité.* Monsieur le comte!... laissez-moi!...

LE COMTE, *vivement.* Que dites-vous?... n'entendez-vous pas?... le bal est commencé... et dans cet instant, sans doute, le roi... tous nos seigneurs qui vous attendent... Venez, venez, je vous en supplie...

LAURENCE. Monsieur le comte, au nom du ciel, laissez-moi, je veux, je désire être seule...

LE COMTE. J'obéis, madame... je me retire... (*A part.*) Je reviendrai... charmante!

Il sort au fond, en se retournant pour envoyer des baisers à Laurence, qui ne le voit pas. La colère de la Comtesse est à son comble.

SCÈNE XIII.

LAURENCE, LA COMTESSE.

Laurence est assise et pleure.

LA COMTESSE. Le perfide! Ah! il se fait passer pour garçon!... (*Elle avance.*) Et voilà donc celle qui m'a enlevé le cœur de mon époux... mais ce n'est pas sa faute... elle pleure!... pauvre femme! sa destinée est la même que la mienne... et dès le premier jour, son mari veut lui être infidèle... comme le mien... Tous les hommes se ressemblent...

On entend de nouveau la musique du bal.

LAURENCE. Cette fête!... toujours cette fête!... et moi... ah! cette parure me pèse!... m'importune, et je vais... (*Elle se lève, et aperçoit la Comtesse.*) Quelqu'un!...

LA COMTESSE. Rassurez-vous, madame!

LAURENCE. Que me voulez-vous? qui êtes vous?...

LA COMTESSE. Qui je suis? la comtesse de Luxeuil.

LAURENCE. La comtesse!

LA COMTESSE. Ce que je veux!... faire avec vous un traité d'alliance... devenir votre amie... oui, pour notre repos, pour notre bonheur à toutes les deux...

LAURENCE, *répétant avec surprise.* La comtesse de Luxeuil!

LA COMTESSE. Sa femme... à lui, qui tout à l'heure osait vous parler d'amour... sa femme, délaissée par lui après six mois de mariage.

LAURENCE. Oh! je n'en suis pas encore là, moi... et déjà, mon mari...

LA COMTESSE. Je le sais... votre mari aujourd'hui même vient de me dire qu'il m'aimait...

LAURENCE. Est-il possible!

LA COMTESSE. Vous voyez bien, madame, que nous n'avons rien de mieux à faire que de nous entendre ensemble, car notre situation est la même, nos malheurs sont égaux... et l'union seule peut nous donner de la force contre la perfidie de nos ennemis... c'est-à-dire... de nos maris... je vous le demande encore, madame, voulez-vous être mon amie?

LAURENCE. Je vous le promets.

LA COMTESSE. Eh bien, dès cet instant, nous ne devons avoir qu'une seule pensée... un seul but...

LAURENCE, *avec douceur.* Oui... un seul but!...

LA COMTESSE. La vengeance!

LAURENCE. Oh! non... cherchons plutôt à ramener deux infidèles, deux ingrats.

LA COMTESSE, *avec fermeté.* Soit! ramenons-les... si nous pouvons... mais d'abord, vengeons-nous!

LAURENCE, *toujours avec un peu de timidité.* Eh bien!... Eh bien, oui, vengeons-nous!

ENSEMBLE.

AIR *des Liaisons dangereuses.* (Doche.)

Jurons
Que nous les punirons,
Jurons
Un traité d'alliance.
C'est un plaisir que la vengeance,
Et bientôt nous le connaîtrons.
Malheur à vous, nous le jurons,
Oui, messieurs, nous vous punirons!

L'Orchestre continue piano la suite de l'air jusqu'à l'entrée des deux hommes.

LA COMTESSE. Avant tout, n'oublions pas que mon mari ignore ma présence à Saint-Germain... qu'il doit toujours l'ignorer... C'est nécessaire pour l'exécution de mes projets.

LAURENCE. Eh bien, cet appartement sera le vôtre. (*Elle montre à gauche la porte que le Comte a désignée à Chavigny sous le nom de la chambre verte.*) Il fait partie de ceux que le roi m'a fait donner à

Saint-Germain, et je suis trop heureuse de vous l'offrir...

La Comtesse lui serre la main en signe de remerciement, et remonte vivement vers le fond du théâtre comme si elle entendait du bruit.

LA COMTESSE. Du bruit !... mon mari ! vite, rentrons !

LAURENCE, *montrant la droite.* Chez moi !

LA COMTESSE. Non... il vient peut-être réclamer la mariée, au nom du roi, et...

LAURENCE, *montrant la gauche.* Eh bien, dans cette chambre... chez vous !...

LA COMTESSE, *souriant.* Oui... chez moi !... madame la duchesse...

Du geste, elle l'invite en souriant à passer devant elle, et toutes deux disparaissent à gauche. L'orchestre achève d'exécuter en sourdine le refrain précédent.

SCÈNE XIV.

LE COMTE, CHAVIGNY.

LE COMTE, *entrant vivement, un papier à la main.* Partir !... partir !... à l'instant même... l'ordre est précis... formel !...

Il s'assied à gauche.

CHAVIGNY, *entrant vivement comme a fait le comte, et sans le voir.* Toutes les issues sont gardées !... des sentinelles dans les avenues... dans les corridors... à toutes les portes.

Il s'assied à droite.

LE COMTE. Et voilà le résultat de mes démarches auprès de sa majesté !...

CHAVIGNY. Il faut pourtant que je sorte de ce maudit château !...

LE COMTE, *frappant du poing sur la table.* Je donnerais ma fortune pour rester.

CHAVIGNY, *se tournant.* Ah ! vous étiez là, monsieur le comte ?..... qu'avez-vous donc ?

LE COMTE. J'ai... que je suis furieux !...

CHAVIGNY. Et moi aussi !

Ils se lèvent.

LE COMTE. Un ordre de départ...

CHAVIGNY. Vrai ?... Êtes-vous heureux ! quand on me retient malgré moi !... Les uns se plaignent de ce qui ferait le bonheur des autres.

LE COMTE. C'est une persécution.... c'est du despotisme.... car enfin on ne se bat pas en Italie... la guerre n'est pas déclarée et ne le sera pas de longtemps, sans doute..... et cependant sa majesté m'accorde une heure, pas davantage pour me défaire de ma compagnie, ou pour aller le rejoindre.

CHAVIGNY. Le rejoindre !... quitter Saint-Germain !... et vous pouvez vous plaindre ?...

LE COMTE. Eh ! oui, morbleu !... si mon bonheur, à moi, est à Saint-Germain.

CHAVIGNY. Ah !... je vous comprends... un passion !

LE COMTE, *le regardant en souriant.* Précisément... une grande passion !

CHAVIGNY. Une femme jeune et jolie !

LE COMTE, *de même.* Jeune... et adorable !

CHAVIGNY. Mais on ne vous force pas de l'épouser, vous !

LE COMTE. Au contraire... puisqu'on m'en éloigne.

LE DUC. Ah ! que je voudrais être à votre place !

LE COMTE, *vivement.* À ma place... au fait ! pourquoi pas ! *(À part.)* Moi qui ne demande... *(Haut.)* Mon cher duc, il ne s'agit que de s'entendre.

CHAVIGNY. Comment ?

LE COMTE. Vous voulez partir, je demande à rester.

CHAVIGNY. Eh bien ?

LE COMTE. Partez à ma place.

CHAVIGNY. Moi ?...

LE COMTE, *prenant un ton solennel.* Capitaine de Chavigny...

CHAVIGNY. Capitaine !

LE COMTE. Allez à Milan vous mettre à la tête de votre compagnie.

CHAVIGNY. Ma compagnie !

LE COMTE. La mienne que je vous cède... vous voyez bien qu'elle est à vous.

CHAVIGNY. À moi !

LE COMTE. Pour cent mille livres.

CHAVIGNY. Cent mille livres !...

LE COMTE. C'est pour rien.

CHAVIGNY. Pour rien !... ah ! voilà !... c'est justement ce que je possède... Rien !

LE COMTE. Je vous ferai crédit.

CHAVIGNY. Sur ma bonne mine ?

LE COMTE. Sur votre parole... oh ! je puis attendre, j'attendrai tout le temps qu'il vous plaira.

CHAVIGNY. Ah ! mon cher comte !... croyez que ma reconnaissance...

LE COMTE. Du tout... vous ne me devez rien... c'est vous qui me rendez service.

CHAVIGNY. Et il faut partir ?

LE COMTE. Sur-le-champ.

CHAVIGNY. Sur-le-champ... c'est tout ce que je veux.

LE COMTE, *lui remettant un papier.* Signez cet acte de vente... *(L'arrêtant, en lui montrant un autre papier.)* Ah ! vous présenterez cet ordre de départ à la petite porte du parc... Tenez, celle que vous voyez d'ici. *(Il la lui montre à la fenêtre.)* Et vous serez libre.

CHAVIGNY. Et je serai loin de ma femme ! je signe aveuglément.

L'orchestre reprend en sourdine l'air précédent chanté par les deux Femmes. Le Duc est allé s'asseoir pour signer à gauche; le Comte remonte la scène en disant les paroles suivantes.

LE COMTE, *à part.* Sa femme !... pauvre petit duc !... mais où donc est-elle ?... est-ce qu'elle se serait décidée à rentrer dans le bal ?

Il ouvre la porte du fond, et regarde à l'extérieur; pendant ce temps la Comtesse de Luxeuil a reparu sur le seuil de la porte à gauche; elle jette une lettre qui vient tomber aux pieds du Duc, au moment où il se lève après avoir signé ; puis elle disparaît.

CHAVIGNY. Une lettre ! (*Suivant des yeux la femme qui vient de s'enfuir.*) C'est elle !... ma compagne de voyage ! (*Lisant la suscription de la lettre.*) A monsieur le duc de Chavigny.

LE COMTE, *quittant la porte du fond et redescendant la scène.* Plaît-il ?... que dites-vous ?

CHAVIGNY, *cachant vivement sa lettre.* Rien !.. c'est signé. (*Il lui remet les papiers.*) Adieu, mon cher comte.

LE COMTE. Bon voyage, mon cher duc.

CHAVIGNY. Je cours prendre possession de mon régiment.

LE COMTE. Et moi je rentre au bal. (*A part.*) Pour tâcher d'y retrouver sa femme.

LE COMTE.
Air de Doche (l'Extase).
Cher duc, vous pouvez m'en croire,
Oui, sans regret en ce jour
Je puis vous céder la gloire,
Quand vous me laissez l'amour.

ENSEMBLE.
LE DUC.
C'est un devoir, je m'empresse
De l'accomplir à l'instant,
Adieu, comte, je vous laisse
Pour la gloire qui m'attend.

LE COMTE.
Au revoir donc, je vous laisse,
Partez, partez à l'instant,
Le cœur remplit d'allégresse,
Car la gloire vous attend.

La nuit commence à venir pendant ce chœur. Sortie des deux Hommes par le fond ; on les voit dans la galerie extérieure s'éloigner. Chavigny à droite, le Comte à gauche. Au même moment la Comtesse reparaît à la porte de la chambre verte.

SCÈNE XV.

LAURENCE, LA COMTESSE.

LA COMTESSE, *entrant la première.* Ils s'éloignent ! venez ! venez, madame !

LAURENCE. Il part !... je ne le verrai plus !

LA COMTESSE. Au contraire !... vous allez le revoir, et bientôt, j'en suis sûre... ce billet qui est tombé à ses pieds, et qu'il a ramassé en me regardant... je vous dis qu'il va revenir. (*Elle va à la fenêtre à droite.*) Et tenez... déjà... dans l'ombre... sous cette fenêtre... c'est lui...

LAURENCE. O ciel !

LA COMTESSE. Regardez !

LAURENCE. Une échelle !

LA COMTESSE, *riant.* Une escalade !... à défaut d'autres moyens pour se rapprocher de ce qu'on aime...

LAURENCE. Ah ! je meurs de frayeur !

LA COMTESSE. Du courage !... et séparons-nous. (*Montrant la chambre verte.*) Vous dans cette chambre.

LAURENCE. La vôtre !

LA COMTESSE. Oui ! et moi... dans celle-ci.

LAURENCE. La mienne !

LA COMTESSE. Silence !

ENSEMBLE.
Air nouveau, de Doche.

LA COMTESSE.
Bonsoir... et pas de bruit !
A l'ombre de la nuit,
Près de vous un mari
Reviendra malgré lui.

LAURENCE.
Bonsoir ! et pas de bruit !
A l'ombre de la nuit,
Si je le vois ici,
Hélas ! c'est malgré lui.

Fin de l'ensemble.

LAURENCE.
Etre réduite à tromper...

LA COMTESSE.
Pauvre femme !...
Il le faut bien... c'est le lot des amours,
Nous détestons la ruse au fond de l'âme...
A l'employer on nous force toujours.

ENSEMBLE.
Bonsoir, et pas de bruit, etc.

Toutes deux sortent, la Comtesse à droite, et Laurence à gauche. Minuit sonne dans le lointain.

SCÈNE XVI.

CHAVIGNY, puis LE COMTE.

CHAVIGNY, *sur l'appui de la fenêtre, à droite.* Enfin, m'y voilà !... ce n'est pas sans peine. (*Il saute légèrement.*) Le comte me croit à cette heure sur la route de Milan... il ne se doute pas que ma belle inconnue... ce billet délicieux que j'ai reçu d'elle « Amour et mystère ; à minuit... dans la » chambre verte... »

Il regarde la porte à gauche.

LE COMTE, *qu'on a vu rentrer pendant les mots précédents.* Elle n'est pas dans le bal... et tout le monde se plaint hautement de ne voir ni le duc de Chavigny ni sa femme... sa femme !... il faut pourtant que je lui dise que la reine désire absolument lui parler.

CHAVIGNY, *devant la porte de la chambre verte.* La plus profonde obscurité... j'aime mieux ça !... pauvre petite femme !

LE COMTE, *devant la porte de la chambre nuptiale.* Pas de lumière !... pauvre petit duc !

Tous deux redescendent la scène, et dans l'obscurité chantent à demi-voix le morceau suivant.

ENSEMBLE.

AIR PRÉCÉDENT.

Entrons, et pas de bruit.
Par bonheur il fait nuit.
Avançons, elle est là !
L'amour me conduira.

CHAVIGNY.

Toi qu'on m'impose, et que mon cœur abhorre,
Ah ! quel bonheur pour moi de t'oublier !

LE COMTE.

Pour mes péchés, ô mon Éléonore,
C'est maintenant surtout qu'il faut prier !

ENSEMBLE.

Entrons, et pas de bruit ! etc.

ACTE DEUXIEME.

Un salon de plain-pied avec le jardin.

SCÈNE PREMIÈRE.

CHAVIGNY, TROIS DOMESTIQUES.

Un premier Domestique entre en saluant, fait signe au duc de Chavigny de le suivre. Deux autres valets demeurent au fond du théâtre.

LE VALET. Par ici, monsieur le colonel, par ici.

CHAVIGNY, *entrant.* Eh bien, que me veut-on ? où me conduisez-vous ? à qui appartient ce château ?

LE LAQUAIS, *lui faisant signe de s'asseoir.* Vous le saurez dans un instant.

CHAVIGNY. Mais...

LE LAQUAIS. Pardon, nous avons l'ordre de ne pas vous répondre.

Il salue profondément, et sort avec ses deux camarades.

SCENE II.

CHAVIGNY, seul.

L'ordre de ne pas me répondre ! (*Bruit de verroux.*) Et l'on m'enferme ! (*Plus gaiement.*) Enlevé !.... moi... un colonel de mousquetaires !... (*Riant.*) Je suis enlevé !... Ah ! il est vrai que j'y ai mis un peu de complaisance... (*Gravement.*) Et du moment que j'ai su qu'il s'agissait d'une jeune et jolie dame... (*étourdiment*) ma foi, je n'ai plus songé à résister, j'ai remis mon épée dans le fourreau, et je me suis laissé conduire... J'ai l'habitude de ne pas être trop cruel... depuis un an... depuis le jour de mon mariage... Suite de la vengeance que j'exerce toujours et partout contre ma femme... ma femme que je ne connais pas, que je ne veux jamais connaître... mais que je hais pour la vie !... que je hais... de tout l'amour que je conserve là pour ma pensionnaire des Ursulines... Oh ! oui... je te reverrai, je veux te revoir... toi, Marie !... ou Clémence !... ou Gabrielle !... ou Mathilde !... je ne sais pas ton nom... mais il doit être charmant... comme tes yeux !... comme ton sourire... comme ta voix, dont le souvenir est encore là... (*Avec feu.*) Non, rien au monde... rien n'a pu t'effacer de mon âme !... c'est toi !... c'est toi seule que j'aime !... et pour toujours !... (*S'arrêtant comme saisi d'une réflexion, et gaiement.*) Eh bien, qu'est-ce que je dis donc là ?... et que penserait celle qui m'a fait enlever si elle m'entendait ?... Oh ! ma foi... elle penserait que c'est là que je m'adresse... Ces dames ont tant de vanité ! (*Ecoutant.*) Ah !... j'ai cru entendre !... oui... par là !... (*Il montre la gauche.*) C'est elle !... elle !... qui donc ?... je l'ignore... Mais c'est égal, une femme qui aime les gens d'épée... une femme qui m'aime, et qui me vengera de la mienne... La voici !

SCÈNE III.

CHAVIGNY, LA COMTESSE.

LA COMTESSE, *entrant par la gauche, et s'inclinant.* Monsieur le duc!
CHAVIGNY, *surpris.* O ciel! ces traits!
LA COMTESSE. Vous les avez oubliés, sans doute?
CHAVIGNY, *troublé.* Non, madame!... non... pouvez-vous croire?... (*A part.*) Allons, je suis en pays de connaissance... N'importe!... elle est adorable!... divine!... et je bénis mon étoile...
Il s'approche d'elle, et veut lui baiser la main.
LA COMTESSE, *retirant sa main d'un air sévère.* Eh bien!... que faites-vous donc, monsieur le duc?
CHAVIGNY. Madame!... (*A part, avec surprise, et regardant autour de lui.*) Non, personne!
LA COMTESSE. Veuillez vous asseoir.
CHAVIGNY, *avec empressement.* Trop heureux!... mille fois trop heureux!
Il rapproche son fauteuil de celui de la Comtesse.
LA COMTESSE. Par grâce!... un peu plus loin.
CHAVIGNY, *surpris.* Ah! bah!
LA COMTESSE. Je vous en prie!
CHAVIGNY. J'obéis, madame.
LA COMTESSE. Que de bontés!...
CHAVIGNY. Je bénis à présent les audacieux qui viennent d'attenter à ma liberté, et qui m'ont entraîné dans ce château où votre vue devait réveiller en moi tant de souvenirs de bonheur.
LA COMTESSE, *avec beaucoup de surprise.* Plaît-il?... vous dites, monsieur?
CHAVIGNY. Comment?... vous avez oublié, madame?
LA COMTESSE. Quoi donc?
CHAVIGNY. Il y a un an, à Saint-Germain.
LA COMTESSE. Ah!... oui... à Saint-Germain!
CHAVIGNY. Vous vous souvenez?
LA COMTESSE, *d'un air très-grave et très-sévère.* Parfaitement!... Vous avez été mon compagnon de voyage, et je n'ai eu qu'à me louer, j'en conviens, de vos égards, de vos attentions pour moi. Quant aux hommages que vous m'avez adressés, si je les ai reçus sans colère, j'ai su du moins les apprécier... (*Mouvement joyeux du Duc.*) Pardon, monsieur le duc!... les apprécier ce qu'ils valaient, et leur donner l'importance que vous y attachiez vous-même... Ce langage passionné qu'il vous a plu de tenir auprès de moi, nos jeunes seigneurs en font usage avec toutes les femmes... Ce sont des phrases banales que nous sommes habituées à entendre sans en être offensées, mais sans y croire.
CHAVIGNY, *avec feu.* Oh! rien de plus réel!... de plus sincère que mon amour, madame... et quand je vous revois aujourd'hui...
LA COMTESSE, *sévèrement.* Assez... assez, monsieur le duc!... dispensez-vous de vos protestations de tendresse; car vous me trouveriez pour y répondre absolument la même que j'étais il y a un an.
CHAVIGNY, *joyeux.* Vraiment?
Il se rapproche vivement, la Comtesse se lève.
LA COMTESSE. Monsieur le duc!
CHAVIGNY, *se levant aussi et la suivant.* Aussi je me disais bien... cet air froid et sévère, ce n'est qu'un jeu pour éprouver mon amour, et vous ne vouliez que me tourmenter un peu en feignant de ne pas vous reconnaître... tout... Ce billet délicieux écrit de votre main!
LA COMTESSE, *surprise.* De ma main?
CHAVIGNY, *lui montrant un billet.* « Ce soir... à minuit... dans la chambre verte. » (*Soupirant.*) Ah! la chambre verte!
LA COMTESSE. Après! je ne comprends pas!
CHAVIGNY, *à part.* Ah çà, elle se moque de moi!

LA COMTESSE.
Air d'*Yelva*.

Expliquez-vous, monsieur, la chambre verte?

CHAVIGNY.

Vous le voulez?... Eh bien! minuit sonnait...
Et devant moi la porte était ouverte...
J'entrai... l'amour me conduisait!
Autour de moi tout disait à l'avance :
Espère, ami... le bonheur va venir!...
Et la couleur de l'espérance
Est aujourd'hui celle du souvenir.

LA COMTESSE. Du souvenir? monsieur, je commence à croire que vous avez perdu la raison.
CHAVIGNY, *galamment.* Auprès de vous, qui pourrait se flatter de la garder? (*Lui montrant de nouveau le billet.*) Mais ce billet, je l'ai conservé comme mon bien le plus précieux! Il est là, toujours là, pour me prouver que je ne suis pas en délire, que je n'ai pas rêvé mon bonheur! (*Relisant.*) « Ce soir, à minuit! » Et toutes ces autres lettres, écrites par vous, toujours par vous, madame...
LA COMTESSE. Par moi?
CHAVIGNY, *tirant successivement plu-*

sieurs autres lettres qu'il ouvre. Et qui venaient à la veille d'une bataille me redonner du courage, me consoler des tourments de l'absence. (Lisant plusieurs phrases.) « Ingrat! on vous aime toujours! On pense » toujours à vous! Vous ne méritez pas tant » de tendresse! » etc., etc. Vous voyez! vous voyez bien, madame, que je ne suis pas tout à fait un insensé, qu'il est inutile de vous jouer de moi davantage, et que de toutes vos paroles, je ne dois en croire qu'une seule... c'est que vous serez pour moi aujourd'hui la même que vous étiez il y a un an.

LA COMTESSE. De toutes mes paroles, vous ne devez en croire qu'une seule... c'est que rien n'égale votre folie, et que je ne comprends pas un mot de tout ce que vous venez de me dire.

CHAVIGNY. Comment, madame! vous niez encore?

LA COMTESSE. Tout, et si vous persistez à tenir un langage que je ne puis... que je ne dois pas entendre, je me retire.

CHAVIGNY. Madame!

LA COMTESSE. Et, du reste, vous êtes libre, monsieur. Je vais ordonner qu'on vous ouvre toutes les portes.

CHAVIGNY, vivement. Un instant! un instant, par grâce! Je ne demande pas à être libre, je ne le veux pas; mais vous-même, que me vouliez-vous donc, madame, et pourquoi vous êtes-vous donné la peine de me faire transporter jusqu'ici?

LA COMTESSE. Ah! pourquoi?... Allons, monsieur, puisque vous voilà devenu plus raisonnable, je puis vous avouer que j'avais à obtenir de vous un service.

CHAVIGNY, vivement. Un service!... Lequel?

LA COMTESSE. Oh! je n'oserai jamais.

CHAVIGNY. Enfin, madame...

LA COMTESSE. Non, non, il n'est pas temps encore, et je me rappelle d'ailleurs que quelqu'un a bien voulu se charger de vous le demander pour moi.

CHAVIGNY. Quelqu'un? Qui donc?

AIR: *De la haine d'une femme.*

Vous le saurez... C'est un mystère
Qui pourra combler votre espoir.

CHAVIGNY.
Que dites-vous?

LA COMTESSE.
Sachez vous taire.

CHAVIGNY.
Me taire?

LA COMTESSE.
Au moins jusqu'à ce soir.
De votre honneur je le réclame,
Avant tout souvenez-vous bien
Que c'est le secret d'une femme.

CHAVIGNY, *plus étonné.*
Quoi! c'est le secret d'une femme?

LA COMTESSE, *mystérieusement.*
N'en dites rien, n'en dites rien,
Soyez discret! ne dites rien.
Oui, c'est le secret d'une femme;
Oh! taisez-vous! ne dites rien.

Elle salue, et sort par la gauche.

SCÈNE IV.

LE DUC DE CHAVIGNY, *seul.*

Soyez tranquille, madame; si je ne dis que ce que vous venez de m'apprendre, vous pouvez compter sur ma discrétion.

Ici on entend une voix de femme chanter dans la coulisse de droite.

Air nouveau de Doche.

Reine du ciel, j'implore ta puissance;
Je ne veux rien que vivre sous ta loi.
Daigneras-tu combler mon espérance,
Et de là-haut veiller toujours sur moi?
En toi seule j'espère,
J'abjure, et pour toujours,
Les plaisirs de la terre
Et ses folles amours.
Sur la pauvre Ursuline,
Au front humilié,
Jette, Vierge divine,
Un regard de pitié.

CHAVIGNY, *qui a écouté avec anxiété.* Oh! ciel! ce chant! je le reconnais! ce cantique, je l'ai entendu aux Ursulines... Et cette voix, mon Dieu! la même qui me poursuit partout! la sienne! Ah! la porte s'ouvre. (*La porte s'ouvre, et Laurence d'Estanges paraît sur le seuil.*) C'est elle! elle-même! que fait-elle ici?

SCÈNE V.

LE DUC DE CHAVIGNY, LAURENCE.

LAURENCE, *affectant la plus grande surprise en voyant Chavigny.* Ah! quelqu'un! la personne que nous attendions, sans doute! Monsieur le duc de Chavigny.

CHAVIGNY, *ému*. Précisément!... c'est moi... moi, qui étais bien loin d'espérer que je rencontrerais dans ce château... (*A part.*) Oh! c'est un rêve... plus jolie! plus séduisante que jamais.

LAURENCE, *gaiement.* Vous êtes arrivé depuis longtemps, monsieur le duc, et mon amie n'est pas encore prévenue peut-être.

CHAVIGNY, *l'arrêtant.* Votre amie!... ah! vous êtes chez madame la... (*A part.*) C'est que je ne sais toujours ni son nom ni son titre.

LAURENCE. Non, non; c'est elle qui est chez moi.

CHAVIGNY. Ah! chez vous?

LAURENCE. Oui, elle a bien voulu me tenir compagnie dans cette solitude.

CHAVIGNY, *à part.* Elle est chez elle!

LAURENCE. Mais je vais lui dire que vous êtes arrivé, monsieur. (*De nouveau elle fait un pas.*) Et je vous l'amène.

CHAVIGNY, *même jeu.* Oh! demeurez, je vous en supplie, demeurez! Etes-vous donc si pressée de me fuir? vous dont l'image était toujours là, présente à ma pensée.... vous que j'ai tant de joie, tant de bonheur à revoir!...

LAURENCE. Monsieur! (*A part.*) Tout à l'heure il lui en disait autant à elle.

CHAVIGNY. Vous détournez les yeux, et cependant je ne me suis pas abusé... ces yeux! oh! oui, il y a eu dans ma vie une circonstance que je n'oublierai jamais, où ces yeux ont rencontré les miens. Alors, n'est-il pas vrai, mademoiselle, mon émotion était partagée. Ce regard, ce n'était pas de la colère, et quand tout le monde autour de moi criait au scandale, à la profanation, vous me pardonniez au fond de l'âme de n'avoir pu me contenir, d'avoir troublé malgré moi cette pieuse cérémonie; car au milieu de la foule, je ne voyais que vous, vous seule. Je sentais qu'un instant avait décidé de toute ma vie, que nous étions créés l'un pour l'autre, que le ciel lui-même venait d'unir à jamais nos destinées... Oh! j'étais heureux, j'étais fou; dites-moi que vous me pardonniez, que vous me pardonnez encore.

LAURENCE, *à part.* Allons, du courage! rappelons-nous bien ce qui est convenu. (*Haut.*) Je vous répondrai avec franchise, monsieur; cette circonstance dont vous venez de me parler, elle n'était pas sortie de ma mémoire.

CHAVIGNY. Ah! il est donc vrai! je ne me trompais pas...

LAURENCE. Mais ce n'est plus là qu'un souvenir, une impression d'enfance dont j'ai triomphé, et dont il ne doit plus être question entre nous deux, monsieur le duc.

CHAVIGNY. Que dites-vous? Toute ma vie au contraire.

LAURENCE. Jamais! c'est impossible!

CHAVIGNY. Pourquoi?

LAURENCE. Vous me le demandez, monsieur le duc, et vous êtes marié!

CHAVIGNY, *vivement.* Marié!... Ah! ne me rappelez pas un mariage qui m'a été imposé!... que je maudis comme le plus affreux malheur de ma vie...

LAURENCE. Que dites-vous?... Et pourquoi?...

CHAVIGNY. Pourquoi?... parce que sa majesté a bien pu me contraindre à donner mon nom à mademoiselle d'Estanges, mais que rien au monde ne peut me forcer à lui donner ma tendresse.... Pourquoi?... parce que je vous ai revue... Pourquoi?... parce que je vous ai aimé, mademoiselle!

LAURENCE, *à part.* Il m'aime!

Haut,

AIR : *Du Démon de la nuit.* (Doche.)

Eh quoi!... malgré votre alliance,
Vous oseriez...

CHAVIGNY.

Ah! calmez-vous.
Ne prenez pas pour une offense
L'aveu d'un sentiment si doux.

LAURENCE.

Mais votre femme vous appelle!

CHAVIGNY.

Non... non..., vous seule avez ma foi.

LAURENCE, *joyeuse, à part.*

Si mon mari m'est infidèle,
Du moins c'est par amour pour moi.
Si mon mari m'est infidèle,
C'est encor par amour pour moi!

CHAVIGNY. Oh! mais cet odieux mariage... maintenant que je vous ai retrouvée.... vous, mes premières, mes seules amours... ce mariage... je veux le rompre... et j'y parviendrai, je vous le jure!... oui, le divorce!...

LAURENCE, *à part.* Le divorce!

Haut.

MÊME AIR.

Vous séparer de votre femme?

CHAVIGNY.

Je la déteste!... Je la hais!...

LAURENCE.

Ce sera vous couvrir de blâme...

CHAVIGNY.

Eh! qu'importe! si je vous plais?
Je veux briser cet esclavage,
Qu'on m'imposa de par le roi...

LAURENCE, *à part.*
S'il veut rompre mon mariage,
C'est encor par amour pour moi.
S'il veut rompre ce mariage,
C'est toujours par amour pour moi.

CHAVIGNY. Eh bien, mademoiselle?....

LAURENCE. Eh bien, monsieur le duc.... si vous êtes sincère!... apprenez donc. (*Ici, elle aperçoit la Comtesse qui vient de reparaître sur le seuil de la porte à gauche, et lui fait un signe d'intelligence.*) Ciel!

CHAVIGNY. Quoi donc?... qu'avez-vous?...

LAURENCE. Rien!... (*La Comtesse a disparu, Laurence dit à part :*) Il n'est pas temps encore... ah! c'est pourtant dommage!...

CHAVIGNY. Enfin, vous me disiez... apprenez donc...

LAURENCE. Apprenez que moi aussi je suis mariée.

CHAVIGNY, *atterré.* Mariée!... ô ciel!... cela n'est pas... cela ne peut pas être!...

LAURENCE, *souriant.* Rien de plus réel, monsieur le duc...

CHAVIGNY. Mais votre mari..... où donc est-il?

LAURENCE, *souriant.* Pas loin de vous.

CHAVIGNY. Dans ce château?

LAURENCE, *de même.* Oui... dans ce château.

On entend au dehors la voix du comte de Luxeuil.

LE COMTE, *en dehors.* J'entrerai! j'entrerai, vous dis-je!... il faut que je la voie!... que je lui parle!...

LAURENCE. Qu'entends-je?

CHAVIGNY, *surpris.* Je crois reconnaître...

LAURENCE, *à part.* Il est ici..... M. de Luxeuil! ô mon Dieu! allons tout dire à la comtesse.

Elle sort vivement par la gauche, pendant que Chavigny a remonté la scène à la voix du Comte.

SCÈNE VI.

LE DUC DE CHAVIGNY, LE COMTE.

LE COMTE, *entrant.* Eh! pardieu!... je vous dis que je veux lui parler!...

CHAVIGNY, *à part.* Lui!... lui!... et elle s'enfuit à son approche... Ah! son mari sans doute.

LE COMTE. Le duc de Chavigny!..... (*A part.*) Je le retrouve chez sa femme... qui diable s'y serait attendu?... (*Haut, allant à Chavigny.*) Bonjour, mon cher duc!

CHAVIGNY, *de mauvaise humeur.* Serviteur, monsieur le comte.

Il lui tourne le dos.

LE COMTE, *à lui-même.* Sa femme que je n'ai pu revoir depuis un an!... sa femme dont je parviens enfin à découvrir la retraite... et il la partage avec elle!... c'est jouer de malheur!

CHAVIGNY, *à part.* Comme il me regarde! peut-être soupçonne-t-il qu'à l'instant même auprès d'elle, j'osais lui dire... que m'importe?... ah! s'il pouvait me chercher querelle!... je suis si malheureux!... sa femme!...

LE COMTE, *à part.* Décidément, il est furieux contre moi..... il se doute de quelque chose; faisons bonne contenance!... (*Haut.*) Eh bien! est-ce donc ainsi qu'on se revoit après un an d'absence, cher ami?...

CHAVIGNY, *colère.* Laissez-moi, monsieur... je ne suis pas votre ami... je ne veux pas l'être... et jamais je ne vous pardonnerai...

LE COMTE, *gaiement.* Quoi donc?

CHAVIGNY. Vous avez manqué de franchise avec moi.

LE COMTE. De franchise?...

CHAVIGNY. Moi, qui vous avais ouvert toute mon âme, qui vous avais confié mon amour pour la jeune pensionnaire des Ursulines... et vous, monsieur, il fallait me traiter de même, entendez-vous!... il fallait me dire la vérité... toute la vérité...

LE COMTE. Hein? (*A part.*) Il est fou!... est-ce qu'on dit jamais ces vérités-là?...

CHAVIGNY. Enfin, vous deviez me prévenir de votre mariage.

LE COMTE, *surpris.* Mon mariage!..... comment! qu'est-ce que vous dites?... je ne suis pas marié... monsieur, c'est une calomnie?...

CHAVIGNY. Pardon!... ce n'est tout au plus qu'une médisance... je sais tout.

LE COMTE. Vous savez!... (*A part.*) Ah ça, mais ce n'est donc pas de son ménage qu'il s'agit?... c'est du mien...

CHAVIGNY. Allons, convenez donc enfin.

LE COMTE, *avec mystère.* Eh bien! oui... je suis marié... je le confesse... et vous n'abuserez pas de ma confiance, mon jeune ami... je suis marié!... un ange!... un modèle de vertus... qui prie le ciel pour moi dans ce moment-ci! Mais qui diable a pu vous apprendre?...

CHAVIGNY. Qui?... votre femme elle-même.

LE COMTE, *vivement.* Ma femme?... vous la connaissez?... vous l'avez vue?...

CHAVIGNY. Sans doute!... à l'instant, ici, je lui présentais mon hommage.

LE COMTE. Votre hommage... à ma femme?

CHAVIGNY. Oui... votre femme!... puisqu'il faut que je lui donne ce nom, à elle... vous le savez bien... je vous l'ai dit il y a un an... elle, à qui j'avais juré de consacrer ma vie.

LE COMTE. Vous dites, monsieur?

CHAVIGNY. Elle, enfin... ma pensionnaire.

LE COMTE. Votre pensionnaire?

CHAVIGNY. Du couvent des Ursulines.

LE COMTE. Du tout... ma femme a été élevée aux Carmélites.

CHAVIGNY, *insistant*. Aux Ursulines!

LE COMTE, *de même*. Aux Carmélites!... et je vois de plus en plus que vous perdez l'esprit, monsieur le duc... vous n'avez jamais vu ma femme, vous ne la connaissez pas.

CHAVIGNY. Je ne la connais pas!... (*Laurence a reparu sur le seuil de la porte, à gauche.*) Tenez, regardez, la voilà!

SCENE VII.

LES MÊMES, LAURENCE.

LE COMTE, *s'écriant*. Ma femme! (*A part, après avoir vu Laurence.*) Mais c'est la sienne!... c'est la sienne!... décidément, la tête n'y est plus!

CHAVIGNY. Eh bien! nierez-vous encore en présence de madame la comtesse?

LE COMTE, *à part*. La comtesse! il le veut! (*Haut.*) Mais, mon jeune ami...

LAURENCE, *bas, en s'approchant du comte*. Silence, monsieur.

LE COMTE, *à part, étonné*. Bah! (*Bas.*) Je ne dis pas un mot.... (*A part.*) C'est une énigme.

CHAVIGNY, *ému, à Laurence*. Pardonnez-moi, madame, si tout à l'heure je n'ai pas été maître d'une émotion!... un trouble!... j'ignorais!... j'étais si loin de m'attendre... oh! mais je triompherai de mes souvenirs..... je serai maître de moi!... j'aurai du courage!... Adieu!

LAURENCE, *à part, en regardant du côté de la porte à gauche*. Comme il souffre!... et elle ne veut pas encore que je le désabuse.

CHAVIGNY. Soyez heureuse!... je pars!... vous, monsieur le comte, je ne puis plus être votre ami... je sens à votre aspect que la colère.... je me retire..... je vous laisse avec madame..... (*avec effort*) madame la comtesse...

LE COMTE, *souriant, à part*. La comtesse... toujours!...

LAURENCE, *à part*. Il s'éloigne! (*Après un temps.*) On ne le laissera pas partir!

SCÈNE VIII.

LE COMTE, LAURENCE.

LE COMTE, *à part, souriant*. Il est charmant! Il me laisse en tête-à-tête avec sa femme. Pauvre petit duc!

LAURENCE. Je vous remercie, monsieur, d'avoir bien voulu vous prêter à l'exécution de nos projets sans les connaître.

LE COMTE. Comment donc, madame! ne savez-vous pas que vous pouvez toujours compter sur moi?... Et puisque nous avons tous les deux le même secret à garder...

LAURENCE. Oh! pour une heure seulement.

LE COMTE. Une heure?

LAURENCE. Oui, dans une heure monsieur de Chavigny saura que je suis sa femme, et je lui dirai tout.

LE COMTE, *étonné*. Tout?

LAURENCE, *gravement*. Sans rien excepter, monsieur.

LE COMTE. Rien?... oh! c'est aller bien loin!

AIR *du Domino noir.*

Oui, j'en conviens,
Je sais combien
Une femme fait bien
De tout dire à l'époux
Triste et jaloux;
Mais cependant
Il est prudent
De lui cacher souvent,
Et dans son intérêt,
Certain secret.
Lui direz-vous, moment fatal!
Qu'à Saint-Germain, la nuit du bal,
Quand chacun accourait à son joyeux signal,
La mariée en cet instant,
Seule, hélas! et le cœur tremblant,
Se désolait?
L'époux fuyait
L'amour qui l'attendait;
A sa place, en secret,
Quelqu'un veillait!
Taisons-nous!... pour son bien,
Il faut, et vous le voyez bien,
Qu'un mari ne sache rien.

DEUXIÈME COUPLET.

Il est minuit!
Soudain, sans bruit,
L'amant vient, s'introduit...
Chez celle qui pleurait
    Et soupirait.
    Il s'approcha,
    Il lui parla;
    Puis il la consola.
— Pourquoi désespérer?...
— Pourquoi pleurer?
Pauvre femme! Alors il semblait
Que de fureur sa main tremblait,
Et lui, de ce courroux sagement profitait.
Puis de vengeance elle parla;
Pour la venger il était là,
    Audacieux,
    Mais bien heureux,
    Tout bas il se nomma;
    Elle, malgré cela,
    Lui pardonna...
Taisons-nous!... pour son bien,
Il faut, et vous le voyez bien,
Qu'un mari ne sache rien.

TROISIÈME COUPLET.

Toujours pleurant,
Se désolant,
Elle écoutait pourtant
La voix de ce vengeur.
    Ce protecteur
Qui doucement la rassurait,
Et surtout demandait
L'anneau qu'elle portait
    Comme un bienfait;
Puis de son doigt l'anneau glissa,
Et dans le sien, comme cela,
    Il le passa,
    Et sur ses lèvres le pressa!
Hélas! au matin, sans retour,
La femme avait fui de la cour.
Longtemps en vain il la chercha,
    Puis un an s'écoula...
Mais ce jour trouve enfin
— Un lendemain!
Taisons-nous! pour son bien,
Il faut, et vous le voyez bien,
Qu'un mari ne sache rien.

LAURENCE. Je suis à me demander, monsieur le comte, à quel propos vous m'avez raconté cette aventure qui a fort peu d'intérêt pour moi, et ne se rapporte en rien avec la situation où nous nous trouvons l'un envers l'autre.

LE COMTE. Madame! (*A part.*) Est-ce que je ne me suis pas expliqué assez clairement?

Fredonnant les premiers vers du couplet précédent.

Oui, j'en conviens,
Je sais combien...

LAURENCE, *l'interrompant vivement.* Mais puisque le hasard vous amène aujourd'hui dans mon château...

LE COMTE. Le hasard? non pas; ma volonté. Après un an de recherches, je suis enfin parvenu à découvrir...

LAURENCE, *l'interrompant.* Je m'en applaudis comme vous, monsieur, car j'ai à vous adresser une prière.

LE COMTE. Une prière?... à moi?... Je suis à vos ordres, madame, parlez.

LAURENCE. C'est que... c'est fort embarrassant; et.... (*regardant vers la gauche*) tenez, voilà justement mon amie qui voudra bien pour moi...

LE COMTE. Votre amie? (*Il se retourne.*) Ah! il y a une amie! Je ne suis pas fâché de la voir. J'aime beaucoup les figures nouvelles... Ah! mon Dieu!... Éléonore!... ma femme!

~~~~~~~~~~~~~~~~~~~~~~~~~~~~~~~~~~~

SCÈNE IX.

LES MÊMES, LA COMTESSE.

LA COMTESSE, *souriant.* Eh bien! Edmond... vous êtes heureux de me revoir, n'est-il pas vrai?

LE COMTE, *se contraignant.* Très-heureux!... Mais comment se fait-il?... moi qui croyais...

LA COMTESSE. Que je passerais ma vie à vous attendre dans votre vieux manoir? Que voulez-vous, monsieur? votre absence a duré trop longtemps. Je me suis ennuyée de la solitude, et je suis venue rejoindre une amie. J'en suis d'autant plus satisfaite aujourd'hui, que c'était, à ce qu'il paraît, le seul moyen de me rapprocher de vous.

LE COMTE, *haussant la voix.* Madame, vous me permettrez de vous dire...

LA COMTESSE, *souriant.* Quoi donc? de la colère? Est-ce que c'est possible, mon ami?

LAURENCE. Comment, monsieur le comte! vous ne témoignez pas plus de joie quand vous retrouvez votre femme?

LE COMTE. Si fait!... la joie!... le bonheur! Je suis enchanté; cependant...

LAURENCE. Allons, elle vous tend la main, monsieur.

LA COMTESSE. Quoique vous ne le méritiez pas... mais nous sommes si faibles!
Elle lui tend la main.

LE COMTE, *furieux.* Éléonore!... certainement!... vous m'expliquerez, madame...

LA COMTESSE. Eh bien! j'attends toujours!
LE COMTE. Eh bien!

Il lui prend la main, et va pour la baiser, quand le Duc, qui est rentré par le fond, s'approche de lui.

SCÈNE X.

LES MÊMES, LE DUC DE CHAVIGNY.

CHAVIGNY, *bas, au Comte*. Non, monsieur, non... pour cela, je ne le souffrirai pas!...
LE COMTE. Comment?
LA COMTESSE. Le duc!
LAURENCE, *à part*. Mon mari!
LE COMTE, *à part*. A qui en a-t-il donc?
CHAVIGNY, *haut*. Oui, mesdames; c'est encore moi... car j'ai trouvé fermées toutes les issues du château. Et je venais m'en plaindre à vous... (*A la Comtesse, en regardant Laurence.*) Mais en vous revoyant, madame, je change de résolution..... et je reste!
LAURENCE, *à part, avec joie*. Ah!
CHAVIGNY. Si vous le voulez bien.
LA COMTESSE. Monsieur!
LE COMTE, *à part*. Il reste, parce qu'il revoit ma femme!
CHAVIGNY, *bas, au Comte*. Vous m'avez enlevé ma pensionnaire, monsieur; il est trop juste, malgré tout mon amour, que je respecte vos droits.
LE COMTE, *souriant*. Mes droits!
CHAVIGNY. Mais en revanche, j'exige que vous respectiez les miens.
LE COMTE, *changeant de ton*. Les vôtres!
CHAVIGNY, *désignant la Comtesse*. Cette dame...
LE COMTE. Hein?
CHAVIGNY. Mon inconnue dont je vous ai parlé il y a un an... ma belle voyageuse de Saint-Germain.
LE COMTE, *à part*. Qu'est-ce qu'il dit?... Ma femme... (*A la Comtesse.*) Vous avez été à Saint-Germain, madame?
LA COMTESSE, *souriant*. Pourquoi pas... vous y étiez, vous...
CHAVIGNY, *bas, en serrant la main du Comte*. Sous aucun prétexte je ne souffrirai qu'on me l'enlève...
LE COMTE, *à part*. Ah! c'est trop fort!... il ne souffrira pas que je lui enlève ma femme.

Ici on entend un bruit de cloches à l'extérieur, qui continue jusqu'à la fin de la scène, et d'orchestre exécute en sourdine l'air de *Sonnez, cors et musettes*, de la Dame blanche.

CHAVIGNY. Qu'est-ce que cela?
LE COMTE. Pourrai-je savoir, mesdames?
LAURENCE, *à Chavigny*. Ces cloches nous annoncent que tous nos amis viennent d'arriver au château, et que l'instant est venu de vous apprendre, monsieur le duc, le service que j'attends de votre courtoisie.
CHAVIGNY. Ah! enfin!
LA COMTESSE. C'est madame qui va vous en instruire.
CHAVIGNY, *regardant Laurence*. Madame?...
LA COMTESSE, *au Comte*. Et de mon côté, monsieur le comte, je vais vous parler pour mon amie.
LE COMTE, *étonné*. Pour elle!
LES DEUX HOMMES. Comment?... que signifie...
LES DEUX FEMMES. Écoutez!

Laurence emmène Chavigny à droite, et Éléonore emmène le Comte à gauche.

LES DEUX FEMMES, *ensemble* : Il s'agit d'un baptême.
LES DEUX HOMMES, *de même*. Un baptême!...
LA COMTESSE, *au Comte*. Oui, le duc de Chavigny a un héritier.
LE COMTE. Plaît-il?
LAURENCE, *à Chavigny*. Mon amie a une fille... charmante!
LA COMTESSE, *au Comte*. Un fils... beau comme le jour!
CHAVIGNY, *à part*. Une fille!...
LE COMTE, *à part*. Un fils?... Pauvre petit duc!

LA DUCHESSE, *au Comte*.
Air *de la Dame blanche*.
Et la faveur que de vous on réclame...

LE DUC.
C'est... parlez donc...

LA COMTESSE, *à Chavigny*.
Mon cœur en est certain,
Vous consentez...

CHAVIGNY.
A quoi?

LES DEUX HOMMES.
Parlez, madame!... (*Bis.*)

LA COMTESSE.
De cet enfant vous serez le parrain!

LA DUCHESSE.
Daignerez-vous en être le parrain?

Les deux femmes sortent par le fond. Les deux hommes les suivent d'abord, puis s'arrêtent en se regardant; ils se saluent alors à plusieurs reprises, en redescendant la scène, et en s'isolant l'un de l'autre.

SCÈNE XI.

CHAVIGNY, LE COMTE.

CHAVIGNY, *à lui-même.* Une mère!... (*Avec réflexion et abattement.*) Un enfant!... trois mois?
LE COMTE, *à lui-même...* Un fils! un fils!... (*Avec fatuité.*) Beau comme le jour... (*Se posant.*) Beau comme... (*Etouffant un éclat de rire, et regardant Chavigny.*) Pauvre petit duc!
CHAVIGNY, *à lui-même.* Et cette femme que je n'avais pas revue, cette femme dont je ne sais pas même le nom, et qui repousse avec audace tous les souvenirs que je lui rappelle... elle ose encore me faire demander...
LE COMTE, *à lui-même.* Je ne sais si ma conscience me permet...
CHAVIGNY, *résolument.* Oh! non... non... c'est impossible!... je ne le veux pas!
LE COMTE, *gaiement.* Ah! bah!... je vais jurer d'être son protecteur... son appui... Oui... je peux faire ce serment-là!
CHAVIGNY. Allons!... n'hésitons pas... je refuserai... poliment... je prierai cette dame de choisir une autre personne... et... (*Sans le vouloir il a marché vers le Duc, et se trouve auprès de lui. Tous deux recommencent à se saluer avec le même embarras, puis Chavigny rompt enfin le silence.*) Deux mots, s'il vous plaît, monsieur le comte.
LE COMTE. A vos ordres, monsieur le duc!
CHAVIGNY. Par vous j'ai été bien malheureux!... par vous, j'ai perdu la femme que j'aimais... la seule que je pouvais aimer... Mais je n'ai rien à dire... aucun reproche à vous faire... vous êtes son mari.
LE COMTE, *à part.* Son mari! il y tient!
CHAVIGNY. Je vais quitter pour toujours cette demeure... où je voudrais n'être jamais entré... Je vous laisse avec vos deux dames... (*Mouvement du Comte; le Duc reprend vivement.*) J'y suis résolu!... je ne veux plus voir ni l'une ni l'autre..... oh! ni l'une ni l'autre!..... Seulement, vous m'obligerez, monsieur, puisque vous restez, vous... de paraître à ma place dans une cérémonie.
LE COMTE, *étonné.* Une cérémonie?
CHAVIGNY. Il s'agit d'un baptême.
LE COMTE, *plus étonné.* Un baptême?
CHAVIGNY. Où l'on veut que je sois le parrain.
LE COMTE. Le parrain?... ah! bah!... (*A part.*) Et lui aussi!... Je n'y suis plus du tout!
CHAVIGNY. Mais cela est impossible... vous comprenez?... je confie cela à votre honneur... C'est impossible!... car la petite fille que l'on va baptiser...
LE COMTE, *plus surpris, à part.* Une petite fille!... il paraît qu'il va y avoir deux baptêmes. (*Haut.*) Eh bien, cette petite fille.
CHAVIGNY. C'est celle de cette dame.
LE COMTE, *inquiet.* Cette dame?... quelle dame?
CHAVIGNY. Celle que je prétendais vous disputer tout à l'heure... à qui je vous défendais de baiser la main... d'adresser même une parole.
LE COMTE, *se rapprochant vivement.* Hein?... vous dites?... cette dame!...
CHAVIGNY. J'étais fou!... que m'importe, à présent?... aimez-la!... faites-vous aimer d'elle!... Pourvu que je ne sois pas le parrain de sa fille.
LE COMTE, *éclatant.* La fille de ma femme?
CHAVIGNY. Eh! non... vous ne comprenez pas... je vous parle de l'autre...
LE COMTE. Justement!... l'autre!...
CHAVIGNY. Ma voyageuse!...
LE COMTE, *appuyant.* De Saint-Germain?...
CHAVIGNY. De Saint-Germain... oui...
LE COMTE, *avec anxiété.* Il me semble....
CHAVIGNY. Votre femme, ce n'est pas elle, par malheur; votre femme... c'est ma pensionnaire des Ursulines...
LE COMTE, *fortement.* Du tout... la pensionnaire... c'est la vôtre...
CHAVIGNY, *étonné.* La mienne?...
LE COMTE. Oui... votre femme!...
CHAVIGNY. Ma femme?
LE COMTE. Mademoiselle Laurence d'Estanges... et vous êtes ici chez elle... dans son château... par conséquent dans le vôtre...
CHAVIGNY. O ciel!.. qu'avez-vous dit?...
LE COMTE, *plus fort.* Et l'autre... c'est la mienne!... la mienne... entendez-vous?... la comtesse de Luxeuil (*allant à lui*), et vous m'expliquerez sur-le-champ, monsieur le duc!...
CHAVIGNY, *avec une joie un peu folle.* Oh! laissez-moi!..... laissez-moi!... Laurence!... ma femme!.... c'était elle!... c'était elle!.. oh! tout à l'heure, j'étais fou de jalousie!... et maintenant!... oh! maintenant je suis tout prêt de le devenir à force de bonheur et de joie.
LE COMTE, *agité.* Un instant!... un instant!... il ne s'agit pas de votre bonheur... vous me direz d'abord,..

CHAVIGNY, *joyeux*. Ma chère Laurence !

LE COMTE, *hautement*. Répondez-moi !... Éléonore !... cette dame... une petite fille...

CHAVIGNY, *à part*. O mon Dieu !... qu'ai-je dit ?...

LE COMTE, *avec colère*. Parlerez-vous enfin ?...

CHAVIGNY, *troublé et balbutiant*. Moi !... je ne sais rien... je ne comprends rien à tout ce qui se passe ici... j'arrive de l'armée...

LE COMTE, *plus agité*. Oh ! je vous forcerai bien à parler, moi... et vous me répéterez sans doute que vous devez être le parrain de ma fille.

CHAVIGNY, *se défendant*. Du tout !... du tout !...

LE COMTE. Quand je vous aurai dit que moi-même on m'a prié tout à l'heure d'être le parrain...

CHAVIGNY. Le parrain ?...

LE COMTE. De votre fils ?...

CHAVIGNY, *saisi*. Mon fils ?...

LE COMTE, *triomphant*. Eh ! sans doute !... à Saint-Germain... le jour même de votre mariage... vous avez abandonné votre femme.

CHAVIGNY. Eh bien ?...

LE COMTE. Eh bien... à votre tour, maintenant serez-vous toujours discret ?...

CHAVIGNY. Non.... à Saint-Germain.... sans vous en prévenir, monsieur le comte, j'ai retardé mon départ de quelques heures... et...

LE COMTE. Allons donc !... nous y voilà !... deux baptêmes !...

CHAVIGNY. Et tous les deux nous sommes ennemis, monsieur le comte ?...

LE COMTE. A la mort, monsieur de Chavigny !

CHAVIGNY. Ah ! vous me comprenez !...

LE COMTE. Parfaitement !... battons-nous !.. ça me va !... ça fait mon affaire dans ce moment-ci... battons-nous !... coupons-nous la gorge !... il ne manque que cela à notre destinée !...

CHAVIGNY. L'heure ?...

LE COMTE. A l'instant !...

CHAVIGNY. Le lieu ?...

LE COMTE. Dans le parc... (*Regardant à la fenêtre.*) Tenez, là... une allée de tilleuls ravissante... nous serons à merveille... un endroit fait exprès pour se battre !...

CHAVIGNY. Mais nous sommes surveillés, peut-être !

LE COMTE. C'est juste..... Il ne faut pas qu'on nous voie ensemble... Je prends par ici.

Il désigne la droite.

CHAVIGNY. Et moi par là (*Il désigne le fond*). Je vais vous rejoindre...

LE COMTE. Je vous attends !...

CHAVIGNY, *indigné*. Laurence !... c'est affreux !... c'est indigne !...

LE COMTE, *avec colère*. Éléonore !.. perfide Éléonore !... (*S'arrêtant tout à coup, changeant de ton, et contenant un éclat de rire.*) Mais c'est égal !... deux maris... l'un par l'autre... il y a une justice !...

Le Comte sort par la droite, et le Duc marche vers le fond ; mais de l'extérieur la porte s'ouvre, et Laurence paraît.

~~~~~~~~~~~~~~~~~~~~~~~~~~~~~~~~

SCÈNE XII.

LE DUC DE CHAVIGNY, LAURENCE.

LAURENCE. Arrêtez, monsieur !...

CHAVIGNY, *indigné*. Laurence !... vous, madame !...

LAURENCE. Vous ne sortirez pas !...

CHAVIGNY. Eh ! quoi !... vous oseriez !...

LAURENCE. Vous ne sortirez pas, vous dis-je !...

CHAVIGNY. Quelle audace !...

LAURENCE. Je sais où vous voulez aller... exposer vos jours... et...

CHAVIGNY. Et vous tremblez pour lui, n'est-ce pas ?... pour lui ?...

LAURENCE. Pour vous seul, monsieur !...

CHAVIGNY. Pour moi ? oh ! c'en est trop ! c'est ajouter la raillerie à l'outrage !... pour moi !... mais je sais tout, madame, je sais tout !...

LAURENCE, *d'un ton ironique*. Ah ! vraiment !... et je venais, moi, pour tout vous avouer.

CHAVIGNY. Comment ?... vous raillez encore ?

LAURENCE, *changeant de ton*. Oh ! non ! voyez au contraire comme je suis émue et tremblante... c'est que je sais, monsieur, combien je suis coupable, et je n'espère pas obtenir... je n'oserai jamais vous demander ma grâce !

CHAVIGNY. Votre grâce !... oh ! vous avez raison, madame !... votre grâce !... mais à quoi bon m'emporter ?... de la colère, moi ! contre vous... oh ! non, non !... le ciel m'en garde !... nous sommes pour toujours étrangers l'un à l'autre... et cet odieux mariage...

LAURENCE. J'ai prévenu vos désirs, monsieur le duc !...

CHAVIGNY. Comment ?...

LAURENCE, *lui présentant un papier.* Lisez ce papier !...

CHAVIGNY. Ce papier ?...

LAURENCE. J'ai l'approbation du roi... il ne manque plus que votre signature.

CHAVIGNY, *étonné.* Ma signature ?...

LAURENCE. Lisez !... et vous serez libre !...

CHAVIGNY, *prenant le papier, et lisant.* Libre !... « Ce qu'il y a de plus cruel au » monde, c'est d'être condamné à vivre avec » quelqu'un qu'on n'aime pas !... » (*Répétant avec amertume.*) Quelqu'un qu'on n'aime pas !...

LAURENCE, *émue.* N'est-ce pas votre avis ?... vous me le disiez tantôt, monsieur le duc...

CHAVIGNY, *continuant.* « Aussi, j'accepte » enfin... ou plutôt, je demande avec mon » mari... » (*S'arrêtant peu à peu en regardant attentivement le papier.*) C'est singulier !... cette écriture !... (*Il reprend la lecture.*) « Je demande avec mon mari le di- » vorce... qui doit lui rendre le bonheur... » la liberté !... » (*S'arrêtant encore.*) Oui ! c'est bien cela !... cette écriture... je la reconnais... et je n'ai pas besoin d'en lire davantage...

Il marche vers la droite.

LAURENCE. Eh bien !... où allez-vous donc, monsieur ?

CHAVIGNY. Je vais remettre ce billet à son adresse.

LAURENCE, *étonnée.* A son adresse ?

CHAVIGNY. Au comte de Luxeuil !... puisque c'est sa femme qui l'a écrit...

LAURENCE. Du tout !... c'est moi !...

CHAVIGNY. C'est sa femme qui réclame le divorce...

LAURENCE. Mais non... je vous jure que c'est moi !...

CHAVIGNY. Vous ?... est-il possible !... c'est de votre main ?...

LAURENCE. Oui, monsieur.

CHAVIGNY. Et toutes ces lettres que j'ai reçues depuis un an ?...

LAURENCE. De moi.

CHAVIGNY. Et celle-ci ?... celle-ci ?... la première de toutes... à Saint-Germain ?...

LAURENCE. De moi.

CHAVIGNY, *ému.* Grand Dieu !

AIR *de Préville.*

LAURENCE.

De moi... qu'alors vous refusiez de voir...
Une autre, hélas ! recevait votre hommage,
Vous l'attendiez, et dans mon désespoir,
Moi, de vous surveiller pourtant j'eus le courage,
J'entendis tout, et dans l'obscurité,
A vos aveux je répondis pour elle,
J'encourageais votre infidélité...
Pour m'assurer que vous restiez fidèle.
Je m'assurais que vous restiez fidèle.

CHAVIGNY, *avec feu.* Ah ! oui... fidèle !... toujours fidèle !... ma chère Laurence...

Il est tombé à ses genoux, et lui baise les mains. Le Comte rentre par la porte de gauche.

SCÈNE XIII.

LES MÊMES, LE COMTE.

LE COMTE. Eh bien ! qu'est-ce que vous faites là ?... quand je vous attends depuis une heure... sous les tilleuls.

CHAVIGNY, *se relevant et allant à lui avec un transport de joie qui tient du délire.* Ah ! monsieur le comte !... mon ami !... mon cher ami !... (*Lui montrant Laurence.*) C'est ma femme !

LE COMTE. Parbleu !... je le sais bien !...

CHAVIGNY. Ma femme !... que j'aime !... et qui n'a jamais cessé de m'aimer !

LE COMTE. Pas possible !...

CHAVIGNY, *bas, en se rapprochant de lui.* Ma femme... qui m'avait écrit il y a un an ce billet. (*Lisant.*) « A minuit... dans la » chambre verte !... »

LE COMTE. Ah bah !... dans la chambre verte... mais alors, dans l'autre ?...

La Comtesse, qui vient de rentrer, se trouve auprès de lui.

SCÈNE XIV.

LES MÊMES, LA COMTESSE.

LA COMTESSE. L'autre ?...

LE COMTE. Eh bien ?...

LA COMTESSE.

MÊME AIR.

La mariée, hélas ! devait la fuir.
Sur mes avis...

LE COMTE.
Que dites-vous, madame ?

LA COMTESSE.
Suivre un mari partout,... c'est accomplir
Le premier des devoirs qu'on impose à la femme,
Quand ce conseil fut par elle écouté,
Je dus aussi, me dévouant pour elle,
Encourager votre infidélité,
Pour vous forcer à me rester fidèle,

LE COMTE.
Quoi ! malgré moi je suis resté fidèle !

LA COMTESSE. Oui, malgré vous, monsieur.

LE COMTE. Et cette bague, que j'ai conservée si précieusement depuis un an?...

LA COMTESSE. Tenez, monsieur, pressez ce ressort... et regardez.

LE COMTE, *pressant le ressort, et lisant.* Éléonore!... Edmond!...

LA COMTESSE. Une surprise que je voulais vous faire... et ce n'est qu'aujourd'hui qu'elle est complète, ainsi que notre vengeance.

LE COMTE. Tu me pardonnes?...

LA COMTESSE. Nous verrons!... mais d'abord!... (*Bruit de cloches. L'air de* Sonnez, cors et musettes *recommence à l'orchestre.*) N'entendez-vous pas?... on vient nous chercher pour le baptême de votre fils, monsieur le duc...

LAURENCE. Et pour celui de votre fille, monsieur le comte... votre fille, dont je suis la marraine.

LA COMTESSE. Comme moi, je suis...

LE COMTE. Je comprends. (*Regardant Laurence.*) Chacun de nous aura une jolie commère...

Il veut lui baiser la main.

LA COMTESSE. Et lui fera ses adieux après le baptême.

LE COMTE. C'est juste!... vous ici, mon cher duc... et nous... dans notre vieux manoir de Luxeuil!... nous serons les meilleurs amis du monde... à cinquante lieues de distance.

LAURENCE.

Air *de la Dame blanche* (Parrain).

En cet instant l'auteur se désespère,
LA COMTESSE.
Et son ouvrage, hélas! n'est plus enfin
Qu'un pauvre enfant délaissé par son père,...
LAURENCE.
Daignez, messieurs, lui servir de parrain.
TOUTES DEUX.
Daignerez-vous lui servir de parrain?

FIN.

Imprimerie de Mme Ve DONDEY-DUPRÉ, rue Saint-Louis, 46, au Marais.

Title	Price	Title	Price	Title	Price	Title	Price
Sans Nom! mystère en 1 a.	40	Le Brasseur de Preston, op. 3 a.	40	Les Diners à 32 sous, v. 1 a.	30	Une Aventure Suédoise, dr.	40
Un Parent millionnaire, c. 2 a.	40	Françoise de Rimini, t. 3 a.	40	Aînée et Cadette c.-v. 2 a.	40	Halifax, c. 4 a. avec prol.	50
Le Père de l'Enfant, c.-v. 2 a.	40	Lady Melvil, c.-v. 3 a.	40	Le Fils du Bravo, v. 1 a.	30	La Belle-Amélie, c.-v. 1 a.	40
Le 3me et le 4me, v. 1 a.	30	Tronquette, c.-v. 1 a.	40	Bonaventure, v. 3 a. et 4 t.	40	Le prince Eugène, 3 a. 14 t.	50
L'Agrafe, mélod. 3 a.	40	Le Discours de Rentrée, v. 1 a.	30	L'Éclat de Rire, d. 3 a.	40	Le baron de Lafleur, c. 3 a. env.	50
Le Mari à la ville et la Femme à la campagne, c.-v. 2 a.	40	Pierre d'Arrezzo, d. 3 a.	40	Cocorico, v. 5 a.	40	Vision du Tasse, 1 a. en v.	30
		Les Coulisses, v. 2 a.	40	Souvenirs de la Marq. de V***	30	Madeleine, dr. en 5 a.	40
Une Fille de l'Air, féerie, 3 a.	50	Les Parens de la Fille, c. 1 a.	40	La jolie Fille du faubourg,	40	Mlle de Bois-Robert, c.-v. 2 a.	50
Le Château de ma Nièce, c. 1 a.	30	La Levée de 300,000 Hommes.	30	Le fin mot, c.-v. 1 a.	30	L'Extase, c.-v. 3 a.	50
La Fille d'un Militaire, c. 2 a.	40	Rothomago, r. 1 a.	30	Le Château de Verneuil, d. 5 a.	50	Le Menuet de la Reine, 2 a.	50
Le Tour de Faction, v. 1 a.	30	Le Marquis en Gage, c.-v. 1 a.	30	Monsieur Daube, c.-v. 1 a.	30	Mlle de la Faille, d. 5 a. 9 t.	50
La Double Échelle, op.-c. 1 a.	30	Le Puff, r. en 3 t.	40	La Maréchale d'Ancre, d. 5 a.	50	L'Enlèvement de Déjanire, v.	40
Bruno le Fileur, v. 2 a.	40	Claude Stocq, d. 5 a.	50	Les Pages et les Poissardes,	40	Redgauntlet, d. 3 a. avec pr.	50
Un Jour de Grandeur, dr. 3 a.	40	Jeanne Hachette, d. 5. a.	50	Bocquet Père et Fils, v. 2 a.	40	Les soupers de carnaval, 1 a.	40
Le Tourlourou, vaud. 1 a.	30	Lekain, v. 2 a.	40	Le Mari de ma Fille v. 2 a.	30	La chanson de l'aveugle, f. 1 a.	40
Le Bon Garçon, op.-c. 1 a.	30	Reine de France, v. 1 a.	30	La Chouette et la Colombe,	40	Le succès, com. 2 en actes.	50
Dgenguiz-Kan, pièce en 6 t.	40	Diane de Chivry, par Soulié.	50	Quitte ou Double, c.-v. 2 a.	40	Le palais-royal, la bastille, 4 a	50
L'Officier Bleu, dr. 3 a.	40	Les trois Bals, v. 3 a.	40	L'argent, la Gloire et les Femmes, v. 4 a. et 5 t.	50		
Portier je veux de tes cheveux!	40	Le Manoir de Montlouvier,	40				
Rita l'Espagnole, dr. 4 a.	50	Dieu vous bénisse, v. 1 a.	30	Marguerite, d. 3 a.	40		
Piquillo, op.-com. 3 a.	40	Maurice, c.-v. 2 a.	40	Paula, d. 5 a.	50		
Le Café des Comédiens. v. 1 a.	30	Balthilde, d. 3 a.	40	Mon ami Cléobul, v. 1 a.	30		
Thomas Maurevert, dr. 5 a.	50	Pascal et Chambord, c.-v. 2 a.	40	Édith, d. 4 a.	50		
Pauvre Mère! dr. 5 a.	40	Maria, c.-v. 2 a.	40	Un Roman intime, c. 1 a.	30		
Spectacle à la Cour, c.-v. 2 a.	40	La Bergère d'Ivry, d. 5 a.	50	Lazare le Pâtre, d. 5 a.	50		
Suzanne, com.-vaud. 1 a.	30	Mlle de Belle-Isle, par Dumas.	50	L'École des Journalistes, c. 5 a.	50		
Le Domino Noir, op.-c. 3 a.	50	Maria Rémond, d.-v. 3 a.	40	Cicily, c.-v. 2 a.	40		
Longue-Épée, dr. 5 a.	50	Simplette, v. 1 a.	30	Newgate, d. 4 a.	50		
Maria Padilla, en 3 a.	40	Le Dépositaire, op.-c. v. 2 a.	40	L'Hospitalité, v. 1 a.	30		
Roméo et Juliette, trag. 5 a.	50	Le Plastron, v. 2 a.	40	Le Père Marcel, c.-v. 2 a.	40		
La Folie Beaujon, vaud.	30	L'Alchimiste, d. 5 a.	50	Le Guitarrero, op.-c. 3 a.	50		
Caligula, tr. 5 a. par A. Dumas.	50	Naufrage de la Méduse, 5 a.	50	La Fête des Fous, d. 5 a.	50		
Marquise de Senneterre, c. 3 a.	40	Balochard, c.-v. 3 a.	40	La Favorite, op. 4 a.	50		
L'Ile de la Folie, v. 1 a.	30	La Maîtresse et la Fiancée, 2 a.	40	Le Neveu du Mercier, dr.-v. 3 a.	50		
La Dame de la Halle, v. 2 a.	40	Les Mancini, c.-v. en 3 a.	40	Le Perruquier, dr. 5 a.	50		
Les Saltimbanques, par. 3 a.	40	Marguerite d'Yorck, mél. 4 a.	40	Zacharie, dr. 5 a.	50		
A Trente ans, v. 3 a.	40	Deux jeunes femmes, d. 5 a.	50	Le Tyran de Café, c.-v. 1 a.	30		
L'Élève de St-Cyr, dr. 5 a.	50	Rigobert, mél.-c. 4 a.	40	Tiridate, c.-v. 1 a.	30		
Marcel, dr. 4 a.	50	Gabrielle, c.-v. en 2 a.	40	La Bouquetière, dr.-v. 3 a.	40		
La Maîtresse de Langues, 1 a.	30	La jeunesse de Goethe, v. 1 a.	30	Jacques Cœur, dr. 5 a.	50		
Le Cabaret de Lustucru, 1 a.	40	Émile, v. en 1 a.	30	L'École des Jeunes filles, d. 5 a.	50		
L'Interdiction, dr. 2 a.	40	Il faut que jeunesse se passe,	40	La Protectrice, c. 1 a.	40		
La Pauvre Fille, mél. 5 a.	50	Un vaudevilliste, v.	30	Manche à Manche, c.-v. 1 a.	40		
Isabelle, com. 3 a.	40	Le Fils de la Folle, d. 5 a.	50	Un Mariage sous Louis XV,	50		
Le Mariage d'Orgueil, c.-v. 2 a.	40	Le Marché de Saint-Pierre,	40	Fabio le Novice, dr. 5 a.	50		
La Petite Maison, c.-v. 1 a.	30	Les Belles femmes de Paris,	40	Une Vocation, com.-v. 2 a.	40		
La Demoiselle Majeure, v. 1 a.	30	Amandine, c.-v. en 2 a.	40	La Sœur de Jocrisse, v. 1 a.	40		
M. et Mme Pinchon, c.-v. 1 a.	30	Il était temps! v. en 1 a.	30	Van-Bruck, com.-v. 2 a.	40		
Mlle Dangeville, c.-v. 1 a.	40	L'article 960, 1 a.	30	Le Marchand d'habits, dr. 5 a.	50		
Arthur, c.-v. 2 a.	40	L'Ange dans le monde, c. 3 a.	40	Mon ami Pierrot, c.-v. 1 a.	40		
Les Suites d'une faute, d. 5 a.	50	L'Art de ne pas monter sa gar.	30	La Lescombat, dr. 5 a.	50		
Les Enfans du délire, v. 1 a.	40	Christine, 5 a. par F. Soulié.	50	Zara, dr. 4 a.	50		
Matéo, d. 5 a.	50	Les chevaux du Carousel, 5 a.	50	Langeli, com.-v. 1 a.	40		
Le Mariage en Capuchon, v. 2 a.	40	Laurent de Médicis, tr. 5 a.	50	Murat, pièce en 3 a., 14 tab.	50		
A Bas les hommes! v. 1 a.	40	Les 3 Beaux-Frères, v. 1 a.	30	Trois œufs dans un panier, 4 a.	40		
La Bourse de Pézénas, v. 1 a.	30	La Jacquerie, op. 4 a.	50	Mathieu Luc, dr. 5 a, en vers.	50		
Lord Surrey, d. 5 a.	50	Revue et Corrigée, c.-v. 1 a.	30	Caliste, com.-vaud. en 1 a.	30		
Duchesse! c.-v. 2 a.	40	Le Loup de Mer, d. 2 a.	40	L'Aveugle et son Bâton, 1 a.	40		
Simon Terre-Neuve, c.-v. 1 a.	30	L'Ombre d'un Amant, v. 1 a.	30	Paul et Virginie, dr. 5 a.	50		
Gaspard Hauser, d. 4 a.	50	Christophe le Suédois, d. 5 a.	50	Les Enfants Blancs, dr. 5 a.	50		
Les deux Pigeons, c.-v. 4 a.	40	Le Proscrit, d. 5 a.	50	La Voisin, mél. 5 a.	50		
Mathias l'Invalide, c.-v. 1 a.	30	Les Travestissemens, op. 1 a.	30	Ivan de Russie, tragédie.	40		
Impressions de Voyages, v. 2	40	Le Massacre des Innocens, 5 a.	50	Le Dérivatif, vaudeville.	40		
Geneviève de Brabant, m. 4 a.	40	Thomas l'Égyptien, v. 1 a.	30	Un Bas bleu, vaudeville.	40		
Rafael, c.-t. 3 a.	40	Clémence, c.-v. 2 a.	40	Les Filets de Saint-Cloud.	50		
Faute de s'entendre, c. 1 a.	30	La belle Bourbonnaise, v. 2 a.	40	Lorenzino, par A. Dumas	50		
La Femme au salon, c.-v. 2 a.	40	Le Château de Saint-Germain,	50	La Plaine de Grenelle, d. 5 a.	50		
Juana, c.-v. 2 a.	40	Les Bamboches de l'Année, r. 1	30	La Dot de Suzette, d. 5 a.	50		
Droits de la Femme, c.-v. 1 a.	30	Commissaire extraordinaire,	30	Amour et Amourette, v. 5 a.	50		
Moustache, c.-v. 3 a.	40	Deux Couronnes, com. 1 a.	30	Paris les Bohémiens, d. 5 a.	50		
La Pièce de 24 sous, c.-v. 1 a.	30	Les Enfans de troupe, c.-v. 2 a.	40	Les Brigands de la Loire, d.	50		
M. de Coyllin, c.-v. 1 a.	30	L'Ouvrier, dr. 5 a.	50	Margot, v. 1 a.	40		
Fille de l'Airdans son Ménage,	30	Tremb. de terre de la Martini.	50	Paris la nuit, dr. 5 a. 8 t.	50		
L'Orphelin du Parvis, v. 1 a.	30	La Famille du Fumiste, v. 2 a.	40	Emery le négociant, dr. 3 a.	50		
Philippe III, tr. en 5 a.	50	Les Intimes, v. 1 a.	30	La Salpêtrière, dr. 5 a.	50		
La Croix de Feu, mél. 5 a.	50	La Lionne, c.-v. 2 a.	40	Du Haut en Bas, v.-c. 2 a.	50		
Plock le Pêcheur, v. 1 a.	30	La Madone, d. 4 a.	40	La Dot d'Auvergne, v. 1 a.	40		
Léonce, c.-v. 3 a.	40	Jean le Pingre, v. 1 a.	30	Claudine, dr. 3 a.	50		
Les 3 Dimanches, c.-v.	40	Les Prussiens en Lorraine,	50	L'homme aux sculottes. 3 a. 4 p	50		
L'Escroc du Grand monde, 3 a.	40	Roland Furieux, f.-v. 1 a.	30	Céline, c.-v. 4 a.	40		
Les Chiens du St-Bernard, 5 a.	50	En Secret, dr.-v. 3 a.	40	L'Hôtel des 4 nations, c. 1 a.	40		
La Figurante, op.-c. 5 a.	50	L'Abbaye de Castro, d. 5 a.	50	Les Pilules du Diable, 3 a. 20 t.	50		
La Comtesse de Chamilly, d. 4 a.	40	La nouvelle Geneviève, v. 2 a.	40	Les 2 Brigadiers, vaud. 2 a.	40		
La Reine des Blanchisseuses, 2 a.	40	La Famille de Lusigny, d. 3 a.	40	Le Roi d'Yvetot, op.-com. 3 a.	50		
Le Sonneur de St.-Paul, d. 5 a.	50	Vautrin, d. 5 a.	50	L'Auberge de la Madone, d. 5 a.	50		
Mademoiselle, c.-v. 2 a.	40	L'Ouragan, d.-v. 2 a.	40	Les Chanteurs ambulants, 3 a.	50		
La Dame d'Honneur, op.-c. 2 a.	30	L'Habit noisette, v. 1 a.	30	Séducteur et Mari, d. en 3 a.	50		
Maria Padilla, tr. 5 a.	50	Aubray le Médecin, dr. 3 a.	40	Les ressources de Jonathas, 1 a.	40		
Paul Jones, d. 5 a. par A. Dumas	50	Les Honneurs et les Mœurs,	40	Davis ou le bonheur d'être fou.	50		

En vente chez le même Editeur :

3 fr. 50 c. le volume de 25 à 28 feuilles de texte, Gravures et Portraits.

BIBLIOTHÈQUE DE VILLE ET DE CAMPAGNE,
RÉIMPRESSION DU MAGASIN THÉATRAL.

30 volumes à 6 francs, refondus en 25 volumes in-8°, à 3 fr. 50 c. illustrés d'environ 300 Vignettes et Portraits d'Acteurs.

Depuis le 1er Janvier 1843, il paraît un volume les 1er et 15 de chaque mois.

MAGASIN THÉATRAL; tomes 31, 32 et 33mes; 1re édition; 6 fr. le vol.

Ouvrages terminés :

CHEFS-D'ŒUVRE DU THÉATRE-FRANÇAIS,

Un beau vol. jésus in-8° contenant 22 Pièces, 22 Gravures sur bois et 4 Portraits. 6 fr.

GALERIE DES ARTISTES DRAMATIQUES DE PARIS,

80 Portraits avec notice, à 50 centimes la livraison.

Prix des deux volumes in-4°, 40 fr., avant la lettre, 60 fr.

OEUVRES COMPLETES DE SHAKSPEARE,
Traduction de BENJAMIN LAROCHE.

2 forts volumes jésus in-8°, illustrés de 44 vignettes sur acier et sur bois. Prix : 22 fr.

OEUVRES DRAMATIQUES DE SCHILLER,
Traduction de M. DE BARANTE.

Un fort volume jésus in-8°, illustré de 24 vignettes sur acier. 12 fr.

PICCIOLA, PAR X.-B. SAINTINE,

ÉDITION ILLUSTRÉE DE 125 GRAVURES SUR BOIS, PAR PORRET,

Dessins de MM. TONY JOHANNOT, C. NANTEUIL, FRANÇAIS, J. COGNIET et Mme HUET.

Un très-beau vol. in-8°. Broché : 9 fr.; cartonné : 10 fr.; relié à l'anglaise, doré sur tranche : 12 fr.

GALERIE DES FEMMES DE WALTER SCOTT,

Contenant 40 Portraits sur acier, gravés à Londres; avec texte français,

1 volume in-8° broché, prix : 10 francs; reliure anglaise, doré sur tranche 12 francs.

IMPRIMERIE DONDEY-DUPRÉ, RUE SAINT-LOUIS, 46, AU MARAIS.

www.ingramcontent.com/pod-product-compliance
Lightning Source LLC
Chambersburg PA
CBHW060628050426
42451CB00012B/2485